Oliver Kannowski

Projektierung und Konzeption eines Data Warehouses zu

Bibliografische Information der Deutschen Nationalbibliothek:

Bibliografische Information der Deutschen Nationalbibliothek: Die Deutsche Bibliothek verzeichnet diese Publikation in der Deutschen Nationalbibliografie; detaillierte bibliografische Daten sind im Internet über http://dnb.d-nb.de/ abrufbar.

Copyright © 1999 Diplomica Verlag GmbH
Druck und Bindung: Books on Demand GmbH, Norderstedt Germany
ISBN: 9783838627953

http://www.diplom.de/e-book/218526/projektierung-und-konzeption-eines-data-warehouses-zur-vertriebsunterstuetzung

Oliver Kannowski

Projektierung und Konzeption eines Data Warehouses zur Vertriebsunterstützung

Diplom.de

Oliver Kannowski

Projektierung und Konzeption eines Data Warehouses zur Vertriebsunterstützung

Diplomarbeit
an der Fachhochschule Augsburg
Fachbereich Informatik
Juli 1999 Abgabe

Diplomarbeiten Agentur
Dipl. Kfm. Dipl. Hdl. Björn Bedey
Dipl. Wi.-Ing. Martin Haschke
und Guido Meyer GbR

Hermannstal 119 k
22119 Hamburg

agentur@diplom.de
www.diplom.de

ID 2795
Kannowski, Oliver: Projektierung und Konzeption eines Data Warehouses zur
Vertriebsunterstützung / Oliver Kannowski · Hamburg: Diplomarbeiten Agentur, 2000
Zugl.: Augsburg, Fachhochschule, Diplom, 1999

Dipl. Kfm. Dipl. Hdl. Björn Bedey, Dipl. Wi.-Ing. Martin Haschke & Guido Meyer GbR
Diplomarbeiten Agentur, http://www.diplom.de, Hamburg 2000
Printed in Germany

Diplomarbeiten **Agentur**

Wissensquellen gewinnbringend nutzen

Qualität, Praxisrelevanz und Aktualität zeichnen unsere Studien aus. Wir bieten Ihnen im Auftrag unserer Autorinnen und Autoren Wirtschafts-studien und wissenschaftliche Abschlussarbeiten – Dissertationen, Diplomarbeiten, Magisterarbeiten, Staatsexamensarbeiten und Studien-arbeiten zum Kauf. Sie wurden an deutschen Universitäten, Fachhoch-schulen, Akademien oder vergleichbaren Institutionen der Europäischen Union geschrieben. Der Notendurchschnitt liegt bei 1,5.

Wettbewerbsvorteile verschaffen – Vergleichen Sie den Preis unserer Studien mit den Honoraren externer Berater. Um dieses Wissen selbst zusammenzutragen, müssten Sie viel Zeit und Geld aufbringen.

http://www.diplom.de bietet Ihnen unser vollständiges Lieferprogramm mit mehreren tausend Studien im Internet. Neben dem Online-Katalog und der Online-Suchmaschine für Ihre Recherche steht Ihnen auch eine Online-Bestellfunktion zur Verfügung. Inhaltliche Zusammenfassungen und Inhaltsverzeichnisse zu jeder Studie sind im Internet einsehbar.

Individueller Service – Gerne senden wir Ihnen auch unseren Papier-katalog zu. Bitte fordern Sie Ihr individuelles Exemplar bei uns an. Für Fragen, Anregungen und individuelle Anfragen stehen wir Ihnen gerne zur Verfügung. Wir freuen uns auf eine gute Zusammenarbeit

Ihr Team der *Diplomarbeiten* Agentur

Dipl. Kfm. Dipl. Hdl. Björn Bedey –
Dipl. Wi.-Ing. Martin Haschke ——
und Guido Meyer GbR ————

Hermannstal 119 k ————
22119 Hamburg ————

Fon: 040 / 655 99 20 ————
Fax: 040 / 655 99 222 ————

agentur@diplom.de ————
www.diplom.de ————

Inhaltsverzeichnis

1 Einleitung

1.1 Problemabgrenzung

In der heutigen Industriegesellschaft gewinnt der Produktionsfaktor Information zunehmend an Bedeutung. Der zukünftige Erfolg eines Unternehmens hängt von der Fähigkeit ab, relevante Informationen zu erkennen, zu beschaffen, effizient aufzubereiten und für den Entscheidungsprozeß zu nutzen. Dabei spielen sowohl interne als auch externe, sowohl vergangenheits- als auch zukunftsgerichtete Informationen eine bedeutende Rolle.

In den Unternehmen werden viele Daten oft verstreut gespeichert, auf unterschiedlichen Medien verwaltet und auf verschiedenen Anwendungen generiert. Als Folge davon stehen viele Daten für eine gezielte Verwendung nicht zur Verfügung und bleiben bei wichtigen Entscheidungen unberücksichtigt.

Auch die sich heute abzeichnende Informationsüberflutung trägt dazu bei, daß Daten nicht berücksichtigt werden. Gründe dafür sind neue Kommunikationsmöglickeiten, das Eindringen des Internets in den Unternehmensalltag und die fortschreitende Globalisierung. Angesichts dieser Informationsflut und –verschiedenartigkeit weiß der einzelne Mitarbeiter nicht mehr, welche Daten überhaupt verfügbar sind und wie gewünschte Information aus den unterschiedlichen Quellen abgerufen werden kann.

Unter Data Warehouse wird ein Konzept zur redundanten Speicherung von entscheidungsorientierten Daten aus operativen Systemen verstanden. Im Vordergrund steht die Gestaltung einer Datenbasis, die als Grundlage für Informationssysteme dient. Die Aufgabe eines Data Warehouses ist eine verbesserte zielgerichtete Nutzung von vorhandenen Daten, die das Führen durch Information konsequent unterstützen soll. Im Gegensatz zu Entscheidungsunterstützungssystemen (EUS) oder Führungsinformationssystemen (FIS), welche Informationen für bestimmte funktionale Einheiten eines Unternehmens liefern, geht der Data Warehouse-Ansatz über solche Systeme hinaus. „Ein Data Warehouse ist ein umfassendes Konzept zur Entscheidungsunterstützung von Mitarbeitern *aller Bereiche und Ebenen.*" ([HANS96] S. 976)

Ein Data Warehouse bezeichnet einerseits den Prozeß der Transformation operationaler Daten in Informationen und andererseits das Laden der Daten in ein Zentrallager. Das Zentrallager ist das sogenannte Data Warehouse. Es kann als eine ausschließlich für Auswertungszwecke eingerich-

tete Datenbank angesehen werden. Auswertungen der Daten können von Fach- und Führungs-
kräften mittels benutzerfreundlicher Abfrage- und Analysewerkzeuge vorgenommen werden.

Solche Analysewerkzeuge werden mit *OLAP* (Online Analytical Processing) -Systemen ermöglicht. OLAP ist eine Ergänzung des Data Warehouse Konzepts zur analytischen multidimensionalen Datenauswertung, welche „online" anhand einer intuitiven Bedienoberfläche vorgenommen werden kann. Das Data Warehouse- und OLAP-Konzept stehen in einem engen Zusammenhang, wobei es zu inhaltlichen Überschneidungen kommen kann.

1.2 Vorgehensweise und Zielsetzung

Diese Diplomarbeit wird in Zusammenarbeit mit dem WEKA Fachverlag für technische Führungskräfte GmbH in Augsburg durchgeführt. Der Verlag plant den Einsatz eines Data Warehouses im Bereich *Vertrieb*, um die Datenbasis und Auswertungsmöglichkeiten zu Zwecken der
Planung, Steuerung und Kontrolle deutlich zu verbessern.

Ziel der vorliegenden Arbeit ist zunächst eine genauere Erarbeitung der Grundlagen. Es soll ein
Überblick über das Informationsmanagement, das Data Warehouse- sowie OLAP-Konzept gegeben werden. Nachdem die Istsituation des Unternehmensbereiches untersucht wurde und die
Ziele für das Data Warehouse festgelegt worden sind, soll ein konzeptionelles Modell entworfen
werden.

Zu Beginn werden in einem Kapitel die WEKA Firmengruppe und der technische Fachverlag
kurz vorgestellt. Unter anderem werden der allgemeine Aufbau des Verlags und die anfallenden
Aufgaben im Vertrieb beschrieben. Daran schließt sich eine nähere Betrachtung des Informa-
tionsmanagements an. Dabei werden die Begriffe *Information* und *Kommunikation* sowie die
Unterscheidung der Informationssysteme in dispositive und operative Systeme betrachtet. Es
folgt eine Beschreibung von Managementunterstützungssystemen (MUS). Unter diesem Oberbegriff werden Entscheidungsunterstützungssysteme (EUS) und Führungsinformationssysteme
(FIS) verstanden.

Im darauffolgenden Kapitel wird auf das Data Warehouse-Konzept im allgemeinen eingegangen.
Es wird betrachtet, wie ein Data Warehouse heterogene Datenquellen zu einer stabilen
konsistenten Datenbasis zusammenfaßt. Der *lazy*- und *eager*-Ansatz, beides Verfahren der
Datenintegration, werden vorgestellt. Ferner wird auf die Eigenschaften, Organisationsformen,
Architektur, Komponenten, Struktur und den Nutzen eines Data Warehouses näher eingegangen.

Um die vorhandenen Informationen in einem Data Warehouse in Wissen und schließlich in Aktionen weiterzuentwickeln, wird im folgenden Kapitel das OLAP-Konzept beschrieben. OLAP ermöglicht es dem Anwender, eine Vielzahl von Sichten und Darstellungsweisen auf Unternehmensdaten zu erhalten. Die durch das Data Warehouse für Auswertungszwecke geschaffene Datenbasis bildet dabei die ideale Grundlage für OLAP-Systeme. Nach einer Gegenüberstellung zu OLTP (Online Transaction Processing) wird die mehrdimensionale Darstellung von Daten beschrieben. OLAP-Systeme können auf der Grundlage von relationalen (ROLAP)als auch von multidimensionalen Datenbanken (MOLAP) erfolgen. Ein Vergleich dieser Systeme soll in einem Abschnitt vorgenommen werden. Für die Navigation in einem OLAP-Würfel werden Operationen wie zum Beispiel rotation, ranging, drill down oder roll up verwendet. Auf diese Funktionen soll im einzelnen eingegangen werden. OLAP wird durch die Regeln von Codd [CODD93] beschrieben. Die Erklärung seiner gestellten Anforderungen schließen dieses Kapitel ab.

Im nächsten Kapitel werden verschiedene Schemata zur Modellierung von multidimensionalen Datenstrukturen vorgestellt. Hierbei handelt es sich um das Star Schema, Varianten des Star Schemas und die konzeptionelle Modellierungstechnik ADAPT (Application Design for Analytical Processing Technologies).

Ein weiteres Kapitel setzt sich mit der Anforderungsanalyse im Vertrieb auseinander. Anhand der verschiedenen derzeitig verwendeten Statistiken sowie benötigten Kennzahlen wird die Istsituation im Vertriebsbereich dargestellt. Nach einer Bewertung der Ausgangssituation werden die künftigen Ziele definiert.

Aufbauend auf der Anforderungsanalyse wird ein Datenmodell für den Unternehmensbereich Vertrieb erarbeitet. Nachdem die Kennzahlen und Dimensionen festgelegt wurden, wird mit der Methode ADAPT ein konzeptionelles Modell entwickelt. Dieses wird anhand des Star Schemas in ein logisches Modell verfeinert.

Anschließend wird die Datenauswertung und -präsentation im Data Warehouse betrachtet. Der Benutzer kann über sogenannte Frontends Abfragen im Data Warehouse vornehmen. Nach der Diskussion einiger Auswahlkriterien für Frontends, wird ein Auswertungsbeispiel im Data Mart Vertrieb unter Einsatz des Frontends MetaCube durchgeführt. Im Vergleich zu den bisherigen Auswertungen werden die Vorteile dieses Ansatzes aufgezeigt.

Im letzten Kapitel werden wesentlichen Aspekte der Arbeit herausgestellt und kritisch reflektiert.

2 Vorstellung des Unternehmens

Im folgenden soll die WEKA Firmengruppe und der WEKA Fachverlag für technische Führungskräfte GmbH kurz vorgestellt werden.

2.1 Die WEKA Firmengruppe

Der WEKA Fachverlag für Verwaltung und Industrie wurde am 01.10.1973 von Werner und Karin Mützel (WEKA) gegründet. Zum Jahresende 1997 waren in 36 Tochterverlagen und Softwarehäusern in 11 Ländern Europas 3020 Mitarbeiter beschäftigt. Mit einem Gesamtumsatz von 784 Mio. DM (1997) ist der WEKA Fachverlag derzeit der zweitgrößte Fachinformationsanbieter Deutschlands.

Aktuell gliedert sich die WEKA Firmengruppe in die Geschäftsbereiche Fachinformationen, Zeitschriften für EDV, Elektronik und Telekommunikation, Informationsbroschüren und Kartografien, Kreatives Gestalten und Anwendungssoftware (Abbildung 2-1).

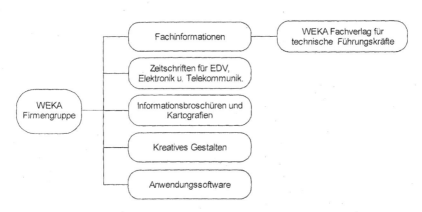

Abbildung 2-1: WEKA Firmengruppe

Das Produktangebot der Firmengruppe ist sehr vielfältig. Neben Fachinformationen für Fach- und Führungskräfte der Wirtschaft, der öffentlichen Institutionen und freien Berufe, werden Publikationen in den Bereichen Computer, Entertainment, Telekommunikation und Elektronik verlegt. Weitere Produkte sind Informationsbroschüren, Faltpläne, Aushangpläne und Atlanten für Handwerk, Handel, Wirtschaft und Industrie.

Vor allem in den Branchen Recht, Steuern und Zahnmedizin werden neben den klassischen Print-produkten zunehmend elektronische Produkte wie zum Beispiel CD-ROMs angeboten. Aufgrund der raschen technologischen Entwicklung werden die einzelnen Produkt-Lebenszyklen immer kürzer.

2.2 Der WEKA Fachverlag für technische Führungskräfte GmbH

Der WEKA Fachverlag für technische Führungskräfte GmbH entstand aufgrund einer Aufteilung eines Fachverlages. Per Januar 1988 wurde der Fachverlag für Unternehmensrecht, Management und Technik in den Fachverlag für technische Führungskräfte und den Fachverlag für Geschäfts-führung und Management aufgeteilt. Der Verlag für technische Führungskräfte ist im Geschäfts-bereich Fachinformationen der WEKA Firmengruppe angesiedelt (Abbildung 2-1). Seit 1991 befindet sich der Technikverlag in der Morellstraße in Augsburg. Das Unternehmen erzielte 1997 einen Umsatz von 60 Mio. DM und beschäftigte damals ca. 200 Mitarbeiter.

Der WEKA Fachverlag für technische Führungskräfte (WEKA Technikverlag) produziert und vertreibt insgesamt 78 Titel entweder als Loseblattwerk, Software oder als sogenanntes „Plus-Werk", das heißt Loseblattwerk mit dazugehöriger Software. Bei der Software handelt es sich mittlerweile fast ausschließlich um CD-ROMs und nicht mehr um Disketten. Um die Loseblatt-werke inhaltlich auf den neuesten Stand zu halten, werden ca. vier mal im Jahr Aktualisierungen erstellt. Diese Ergänzungslieferungen können dann die Abonnenten in ihr Werk einsortieren.

2.3 Der Vertrieb im WEKA Technikverlag

In der betriebswirtschaftlichen Literatur wird der Begriff *Vertrieb* mit unterschiedlichen Ausprä-gungen benutzt. Dabei erstreckt er sich von der Verkaufstätigkeit der Außendienstmitarbeiter im Sinne von Kundenberatung und Abschlußerzielung bis hin zu rein distributionslogistischen Auf-gaben der Auftragsabwicklung, Warenauslieferung und Reklamationsbearbeitung. Im folgenden Abschnitt soll der Vertrieb im WEKA Technikverlag betrachtet werden.

2.3.1 Aufbau und Organisation

Im WEKA Technikverlag sind das Produktmanagement und der Vertrieb nach Zielgruppen orga-nisiert. Dabei werden spezifische Produkt- und Vermarktungsstrategien angewendet. Aufgrund der Organisation ergeben sich die vier sogenannten *Publishing Centers*:

- Arbeitssicherheit

- Konstruktion
- Produktion
- Umweltschutz/-recht.

Jedes Publishing Center wird vertrieblich von einem Team, bestehend aus Leiter, Planer und Assistent betreut. Die Teams betreuen die Werke, die dem Publishing Center zugeordnet sind und führen für die Werke Vertriebsaktionen durch. Ziel der Publishing Center-Struktur ist es, eine größere Marktnähe in der Produktentwicklung, -betreuung und -vermarktung zu erreichen sowie kleinere und flexiblere organisatorische Einheiten zu schaffen.

2.3.2 Hauptaufgaben

Die Abteilung Vertriebsmarketing ist für die Durchführung und Koordination von *Vertriebsaktionen* im Verlag zuständig, mit denen potentielle Kunden angesprochen und zum Kauf der Werke angeregt werden sollen. Vertriebsaktionen können auf unterschiedliche Art über sogenannte *Vertriebswege* erfolgen.

Davon gibt es folgende:

- Direktmailing
- Beilagen
- Telefonmarketing
- Buchhandel
- Messe
- Anzeigen
- Key-Account Management

Beim Direktmailing und Telefonmarketing werden ausgewählte Zielgruppen direkt angesprochen. Neben der Beilagenwerbung in Zeitschriften vertreibt die WEKA Handels GmbH die Werke auch über einzelne Buchhändler. Ferner ist der Verlag auf Fachmessen mit einem eigenen Messestand und Team vertreten. Der Kunde kann sich vor Ort über Produkte informieren und die Software testen. Besonders wichtige Kunden werden durch Key-Account Manager betreut.

Je nach Vertriebsweg kann die Verkaufsaktion nach direkter oder indirekter Art unterschieden werden. Bei einem Direktverkauf erfolgt die Kommunikation der beteiligten Parteien direkt und persönlich, während beim indirekten Verkauf ein Medium zwischen den beiden beteiligten Parteien eingeschaltet ist. Zum Beispiel werden beim Telefonmarketing dem Kunden die Werke direkt am Telefon angeboten.

Unabhängig vom Fortschritt der Vertriebsaktionen ist der Markt hinsichtlich festzustellender Bedarfstrends und Absatzmöglichkeiten zu beobachten. Unter der Betrachtung von Zielgruppenpotentiale und Erreichbarkeit werden vertriebliche Zielgruppenanalysen durchgeführt. Ferner ist das Vertriebsbudget mit dem Ziel eines maximalen Abverkaufs unter dem Gesichtspunkt der Abohaltbarkeit zu steuern.

2.3.3 Allgemeiner Ablauf einer Vertriebsaktion

Vertriebsaktionen (Abbildung 2-2) werden im wöchentlichen Rhythmus von dem Planer vorbereitet. Dabei erstellt er einen Werbeplan (Anhang A), in dem die Vertriebsaktionen für die bestimmte Kalenderwoche aufgeführt sind. Bei der Erstellung des Werbeplans analysiert der Planer Rücklaufquoten und Auftragseingänge aus vergangenen Aktionen und legt dann Werbemittel, Zielgruppen und Adressquellen fest. Außerdem kalkuliert er die Kosten, wählt den Vertriebsweg aus, prüft den Lagerbestand und bestimmt die Druckauflage.

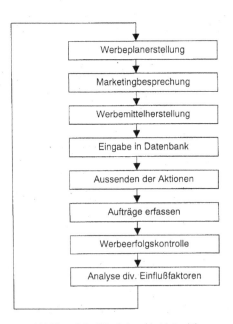

Abbildung 2-2: Ablauf einer Vertriebsaktion

Die endgültige Entscheidung über die Verabschiedung des Werbeplans findet in der wöchentlichen Marketingbesprechung statt. Danach wird der Werbeplan zur weiteren Verarbeitung an die

Werbemittelherstellung und die Assistenten weitergegeben. Die Werbemittelherstellung veranlaßt den Druck in der gewünschten Auflage. Parallel dazu überprüft das Produktmanagement die Auflagenbestimmung nach dem Einsatz der einzelnen Werbemittel und genehmigt sie.

Die Assistentin hält alle Daten des Werbeplans in einer Datenbank fest. Danach veranlaßt sie die Bestellung der Adressen und die Schaltung der Beilagen. Es können entweder beim Rechenzentrum Eigenadressen angefordert werden oder bei Adreßanbietern fremde Adressen bestellt werden. Falls Fremdadressen benötigt werden oder eine Beilage in einer Zeitschrift geschaltet werden muß, werden dafür Aufträge geschrieben.

Nachdem alle Kundenaufträge erfaßt worden sind, werden unterschiedliche Auswertungen vorgenommen. Leiter und Planer benötigen stets Werbeerfolgskontrollen (Auswertungen von *Remissionsquoten*, *Stornoquoten*, *Abbostände* oder *Rücklaufquoten* – auf die Begriffe wird in Kapitel 7.1.1 näher eingegangen), um das Ergebnis der Bewerbung eines Titels über einen bestimmten Zeitraum zu beurteilen.

Bei der Planung von Vertriebsaktionen ist eine Zusammenarbeit sowie ein Informationsaustausch mit Abteilungen des Produktmanagements, der Kreation und der Werbemittelherstellung unabdingbar.

3 Grundlagen des Informationsmanagements

3.1 Information und Kommunikation

Der Begriff Information stammt vom lateinischen Wort *Informatio (Deutung, Erläuterung)* und wird je nach betrachtender Forschungsdisziplin unterschiedlich interpretiert.

Im Sinne der Umgangssprache wird darunter das Wissen über Sachverhalte oder Vorgänge verstanden. (vgl. [HANS96] S. 67) Im Sinne der Betriebswirtschaftslehre wird der Begriff als *zweckorientiertes Wissen* aufgefaßt. Zweckorientierung liegt vor, wenn das Wissen für die Erledigung einer bestimmten Aufgabe, zur Erreichung eines Zweckes benötigt wird. In der Wirtschaftsinformatik ist Information „handlungsbestimmendes Wissen über historische gegenwärtige und zukünftige Zustände der Wirklichkeit und Vorgänge in der Wirklichkeit". ([ROIT92] S. 258)

Die Gesamtheit der zur Erstellung einer Aufgabe benötigten Informationen wird als *Informationsbedarf* bezeichnet. Der Informationsbedarf läßt sich in einen *objektiven* (Informationsmenge, die objektiv für einen Verwendungszweck benötigt wird) und *subjektiven* (Informationsmenge, die subjektiv für notwendig erachtet wird) Informationsbedarf unterteilen. (vgl [SCHN97]) Der Informationsbedarf kann durch das *Informationsangebot* vollständig oder teilweise gedeckt werden. Unter Informationsangebot ist also die zur Verfügung stehende Informationsmenge zu verstehen. Die Deckung des Informationsbedarfs wird außerdem durch die *Informationsnachfrage* (Informationsmenge, die vom Benutzer gewünscht wird) beeinflußt. Die Schnittmenge aus Informationsbedarf, -angebot und -nachfrage wird als *Informationsstand* (Abbildung 3-1) bezeichnet.

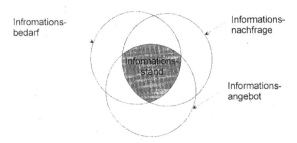

Infromations-
bedarf

Informations-
nachfrage

Informations-
stand

Informations-
angebot

Abbildung 3-1: Informationsstand

9

Der Austausch von Nachrichten wird als *Kommunikation* bezeichnet. Eine Nachricht, die von einem Sender zu einem Empfänger übermittelt wird, kann in bekanntes Wissen (Redundanz) und Wissenserweiterung (Information) aufgeteilt werden. Um die Wissenserhöhung nutzen zu können, müssen die Daten extrahiert und aufbereitet werden. Nach der Verarbeitung der Daten erfolgt ihre Bewertung, die zu einer operativen, dispositiven oder strategischen Entscheidung führen kann. Die Entscheidung hat eine Aktion bzw. Reaktion zur Folge. Abbildung 3-2 zeigt, wie der Informationsteil einer Nachricht zu Entscheidungen führt. (vgl. [FICK91] S. 4)

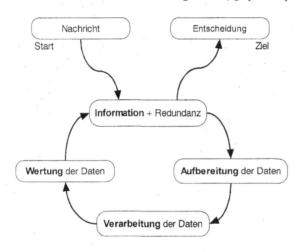

Abbildung 3-2: Informationsgewinnung

Information und Kommunikation sind zwei Aspekte desselben Objekts und bilden eine untrennbare Einheit. Ohne Information keine Kommunikation und ohne Kommunikation keine Information.

In der wissenschaftlichen Literatur über Informationsverarbeitung hat sich die Ansicht durchgesetzt, daß Information als Produktionsfaktor anzusehen und entsprechend zu verwalten ist. (vgl. [MART89] S. 17)

Diese Auffassung beruht auf folgenden grundlegenden Erkenntnissen: (vgl. [MART89] S. 17)

- Informationen stellen Entscheidungsgrundlagen für alle Unternehmensfunktionen dar,
- es entstehen Kosten durch Sammlung, Verarbeitung, Speicherung und Übertragung der Informationen,

- Informationen sind aus unterschiedlichen Quellen zugänglich, welche die Informationsqualität stark bestimmen,

- die Informationsqualität ist von der Genauigkeit, der Vollständigkeit und vor allem der Verfügbarkeit der Informationen abhängig,

- sämtliche Aufgabenerfüllungsprozesse einer Unternehmung sind durch Informationsbeziehungen miteinander verbunden, so daß deren reibungslose Erfüllung in hohem Maße vom Integrationsgrad der Informationssysteme abhängt.

Aus der Sichtweise der Information als Produktionsfaktor folgt die Notwendigkeit, diesen Faktor unter Beachtung von technischen, organisatorischen und personalwirtschaftlichen Fragen für die Unternehmung zu managen. „Informationsmanagement hat primär die Aufgabe, den für das Unternehmen dritten Produktionsfaktor Information zu beschaffen und in einer geeigneten Informationsstruktur bereitzustellen, und davon ausgehend die Aufgabe, die dafür erforderliche IV-Infrastruktur, d. h. die IV-technischen und personellen Ressourcen für die Informationsbereitstellung langfristig zu planen und mittel- und kurzfristig zu beschaffen und einzusetzen." ([STAH97] S. 420)

3.2 Klassifikation von Informationssystemen

„Ein Informationssystem besteht aus Menschen und Maschinen, die Informationen erzeugen und / oder benutzen und die durch Kommunikationsbeziehungen miteinander verbunden sind." ([HANS96] S. 37) Ein Informationssystem erzeugt demnach ein Informationsangebot. „Der allgemeine Zweck von Informationssystemen ist die Bereitstellung von Informationen für die Systembenutzer." ([HANS96] S. 69)

Innerhalb der Informationssysteme sind auch die Teilprozesse der Informationsverarbeitung anzusiedeln. Unter Informationsverarbeitungsprozesse versteht man die Informationsaufnahme, -speicherung, -transformation und –abgabe. Informationsverarbeitung im Informationssystem ist demnach die Aufnahme, Verwaltung, Veränderung und Ausgabe von Daten.

Wenn man die Entwicklungsstufen von Informationssystemen in der Praxis verfolgt, so stellt man fest, daß sich ein Klassifikationsschema durchgesetzt hat. (Abbildung 3-3, vgl. [MART89] S. 45) Dieses Schema ist pyramidenförmig aufgebaut. Auf der ersten Stufe werden administrative Aufgaben auf ein Anwendungssystem übertragen. Es werden also mit Hilfe der Informationsverarbeitung tägliche Geschäftsvorfälle abgewickelt. Die *Massendatenverarbeitung* wird dadurch rationalisiert und die Mitarbeiter werden von Routineaufgaben entlastet. Solche Systeme werden auch als *Administrationssysteme* bezeichnet. Administrationssysteme greifen sowohl lesend als auch schreibend auf den Datenbestand zu. Als Beispiel wäre ein System zu nennen, das die Buchführungsarbeiten in der Finanzbuchhaltung einschließlich Monats- und Jahresabschlüssen übernimmt. (vgl. [STAH97] S. 358)

Auf einer höheren Entwicklungsstufe werden in *Berichts-* und *Kontrollsystemen* neben administrative auch dispositive, also entscheidungsvorbereitende Aufgaben, vorgenommen. Derartige *Dispositionssysteme* „dienen der Vorbereitung kurzfristiger dispositiver Entscheidungen" und sind „ein klassisches Anwendungsgebiet für computergestützte Verfahren des Operation Research." ([STAH97] S. 358) Beispiel: Systeme der Außendienststeuerung und Tourenplanung im Vertrieb. Die Systeme der Massendatenverarbeitung sowie Kontroll- und Berichtssysteme unterstützen die Anwender bei der Abwicklung des Tagesgeschäfts und werden als *operationale Systeme* oder Transaktionsverarbeitungssysteme (Online Transaction Processing – OLTP) bezeichnet. (vgl. [MART89] S. 45)

Auf der nächst höheren Stufe werden *Analyse-* und *Planungssysteme* (zum Beispiel Planung des Produktionsprogramm) eingerichtet. Planungssysteme stellen eine Erweiterung von Dispositionssysteme dar, da sie die Planungsentscheidungen auf einen längeren Zeitraum beziehen. Die höchste Stufe wird von sogenannten *strategischen Systemen* erreicht. Planungs- und Analysesysteme sowie strategische Systeme werden als sogenannte *Managementunterstützungssysteme* (MUS) bezeichnet. MUS werden als entscheidungsunterstützende Systeme verstanden. Für solche Systeme werden „viele Begriffe teilweise synonym, teilweise mit leicht unterschiedlichen Nuancen, beispielsweise in der Art der Entscheidungsunterstützung oder der Anwenderzielgruppe, verwendet." ([BOLD97] S. 7) Im anschließenden Kapitel 3.3 wird daher etwas genauer auf diese Systeme eingegangen.

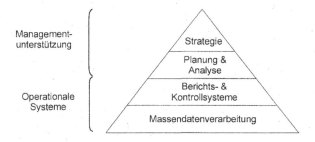

Abbildung 3-3: Klassifikation von Informationssystemen

12

Die Datenquellen, auf denen operationale Informationsquellen basieren, unterscheiden sich in Struktur, Zusammensetzung und Detaillierungsgrad von den Anforderungen an die Daten, die für Managementunterstützungssysteme erforderlich sind. Bei der Realisierung operationaler Systeme werden hohe Anforderungen hinsichtlich Verfügbarkeit, Korrektheit und Zuverlässigkeit gestellt. Operationale Systeme beinhalten Massendaten, welche in sehr kurzer Zeit zur Verfügung stehen sollen. Die strukturelle Beschaffenheit solcher Systeme ist also darauf ausgerichtet, hohe Transaktionsraten zu ermöglichen. Ferner sind Operationale Systeme für Einfüge-, Änderungs oder Löschoperationen auf atomaren Daten konzipiert. Die Daten sind also detailliert und gegenwärtig abgespeichert. Historische Daten sind nicht in dem System abgelegt. Oft liegt das Datenmaterial auch in unterschiedlichen Formaten und Speichermedien vor und ist inhaltlich gar nicht oder nur unzureichend beschrieben. Außerdem sind die Datenquellen meist auf heterogenen Systemen verteilt, die nicht miteinander kommunizieren. Somit sind bereichsübergreifende Informationen schwer zu bekommen. Insgesamt können operationale Systeme die Anforderungen an Informationsverarbeitung für Entscheidungsunterstützung nicht oder nur schwer erfüllen.

In der folgenden Tabelle (Abbildung 3-4) sind typische Merkmale operativer und entscheidungsunterstützender Systeme dargestellt. (aus: [BAGE97] S. 285) Der Begriff *operativ* ist synonym zu dem Ausdruck *operational* zu verstehen.

Operative Systeme	Entscheidungsunterstützende Systeme
Detaillierte Daten	Verdichtete, aufbereitete Daten
Aktuelle Daten	Historische, aktuelle und projizierte Daten
Ständig aktualisierter Bestand	Nur sporadisch aktualisierter Bestand
Systemlast vorhersehbar	Systemlast kann stark schwanken
Transaktionsgesteuerte Verarbeitung	Analysegesteuerte Verarbeitung
Hohe Anforderung an Verfügbarkeit	Geringe Anforderung an Verfügbarkeit
Statische Struktur	Flexible Struktur
Kleine Datenmengen pro Prozeß	Große Datenmengen pro Prozeß

Abbildung 3-4: Merkmale operativer und entscheidungsunterstützender Systeme

3.3 Management-Unterstützungs-Systeme (MUS)

Die Bereitstellung und Verarbeitung von Informationen sind zentrale Probleme der Unternehmensführung. Einerseits werden vom Management Informationen über Vorgänge in der Unternehmung und ihrer Umwelt benötigt. Andererseits müssen die einzelnen ausführenden Ebenen die notwendigen Informationen zur Durchführung ihrer Aufgabe erhalten.

Für Systeme, die sich mit der Informationsversorgung für betriebliche Entscheidungen beschäftigen, wird eine vielfältige Begriffswelt verwendet. „Unter Management-Unterstützungs-Systemen werden alle Formen von Systemen subsumiert, die der Unterstützung von Entscheidungsträgern dienen." ([BEHM93] S. 12) Die Systeme sollen aktuelle, aussagekräftige Informationen liefern, die so aufbereitet wurden, daß sie die Führungs- und Entscheidungssicherheit erhöhen. Bei den MUS „handelt es sich zum einen um das Gebiet der *Führungsinformationssysteme*, die speziell auf die Bedürfnisse der Informationsversorgung der oberen Führungsebene zugeschnitten sind; zum anderen um *Entscheidungsunterstützungssysteme* als Know-How-Pool für Expertenwissen." ([BEHM93] S. 12)

Entscheidungsunterstützungssysteme (EUS) werden auch als *Decision-Support-Systeme* (DSS) bezeichnet. *Führungsinformationssysteme* (FIS) als *Executive-Informations-Systeme* (EIS) bzw. *Chef-Informations-Systeme* (CIS).

EUS sind bereichsspezifisch entwickelt und werden meist von Fachspezialisten benutzt. Sie dienen zur Lösung problemorientierter Fachprobleme. Ein solches System muß daher in der Lage sein, „Aggregationen und Selektionen unter allen nur denkbaren Kriterien zu ermöglichen". ([BULL94] S. 280) Aus dem gewonnenen Zahlenmaterial erstellen Fachabteilungen Berichte, Grafiken und Prognosen.

„Bei FIS liegt der Schwerpunkt der Aufgabe bei der Datenpräsentation und dem Personal Information Management." ([BEHM93] S. 12) Mittels grafischer Benutzeroberflächen lassen sich Informationen in tabellarischer und grafischer Form betrachten. Neben der ausdrucksstarken Präsentation der Daten, werden diese auch oft verdichtet dargestellt. „EIS integrieren unterschiedliche Datenquellen und bieten umfangreiche Möglichkeiten zur Filterung, Verdichtung und Verknüpfung von Daten über vordefinierte und nach Bedarf selektierbare Berichte in Form eines elektronischen Berichtswesens." ([BULL94] S.281) Somit ist es möglich, aus einer Menge von Daten wesentliche Informationen schnell zu erkennen.

3.4 Anforderung an das Informationsmanagement

3.4.1 Verfügbarkeit der Informationen

Informationen, die für die Aufgabenerledigung benötigt werden, müssen zeitgerecht, umfassend und zum richtigen Zeitpunkt zugriffsbereit sein. Außerdem müssen sie in einer verständlichen und unverfälschten Form vorliegen. Beim Aufbau eines Informationssystems ist eines der wesentlichen Ziele die Schaffung einer redundanzfreien Informationsbasis. Das heißt, Datenbestände mit teilweise gleichen Informationen aus unterschiedlichen Quellen sind zu streichen.

3.4.2 Quantitative und qualitative Optimierung von Informationen

Aus der Forderung nach quantitativer und qualitativer Optimierung ergibt sich einerseits die Frage nach dem erforderlichen Umfang der Informationen und andererseits die Frage nach der Entscheidungsrelevanz der vorhandenen Informationen.

Die Informationsmenge soll auf den Bedarf des Benutzers zugeschnitten sein. Es dürfen keine lückenhaften Informationen entstehen. Aber auch eine überhohe Informationsflut ist zu vermeiden. Daneben wird auch eine möglichst hohe Informationsqualität benötigt. „Das Hauptproblem gegenwärtiger computergestützter Informationssysteme wird als Mangel im Überfluß charakterisiert. Damit ist die mangelnde Übereinstimmung zwischen dem Informationsbedarf des Benutzers und dem Informationsangebot gemeint." ([BEHM93] S. 167)

3.4.3 Wirtschaftlichkeit, Zuverlässigkeit und Benutzerfreundlichkeit von Informationssystemen

Für den optimalen Einsatz eines Informationssystems ist einer der wichtigsten Faktoren die Benutzerfreundlichkeit. Der größte Mangel, den ein Informationssystem haben kann ist, daß es nicht genutzt wird. Daher ist bei der Gestaltung der Schnittstelle Mensch-Computer auf den Einsatz von leicht zu bedienenden Geräten, einfachen Programmiersprachen sowie auf Einheitlichkeit etwa bei den Ein- und Ausgabeformaten zu achten.

Bezüglich der Funktionsfähigkeit eines Informationssystems ist die Zuverlässigkeit eine weitere Anforderung. Die Akzeptanz durch die Benutzer wird in hohem Maße durch die Zuverlässigkeit des Systems bestimmt. Auch die Wirtschaftlichkeit eines Informationssystems ist eine zentrale Anforderung. Dabei wird eine Optimierung des Verhältnisses von Informationsnutzen zu -kosten angestrebt.

4 Data Warehouse Konzept

4.1 Einführung und Historie

Bisher standen bei der computergestützten Informationsverarbeitung die Rationalisierung der Massendatenverarbeitung im Vordergrund. Das heißt, es wurden operationale Systeme für die Unterstützung des Tagesgeschäfts eingesetzt. Wie in Kapitel 3.2 erwähnt, sind operationale Systeme nicht für die Informationsgewinnung unter dem Aspekt der Entscheidungsunterstützung geeignet. Es setzt sich jedoch zunehmend durch, die benötigten Daten der operativen Systeme, die normalerweise nach Abschluß des jeweiligen Vorgangs archiviert werden, als Ressource in Form von strategisch wichtigen Informationen zu nutzen. „Durch ein Data Warehouse sollen operative Daten zu entscheidungsrelevanten Daten verdichtet sowie thematisch und zeitlich geordnet werden." ([EICK96] S. 3) Im Gegensatz zu den operativen Systemen stellt das Data Warehouse-Konzept eine ausschließlich für Auswertungszwecke eingerichtete Datenbank dar.

Das Data Warehousing-Verfahren kann als *Prozeß* angesehen werden, das Daten aus den operativen Systemen und externen Quellen sammelt, transformiert, bereinigt und anschließend in ein Zentrallager zusammenfaßt. „Data warehousing is a process, not a product, for assembling and managing data from various sources for the purpose of gaining a single, detailed view of part or all of a business." ([GARD98] S. 54) Das Data Warehouse ist also kein immer gleiches Produkt, sonder ein Verfahren das dazu dient, „Unternehmensdaten aus verschiedensten Quellen, mit der Möglichkeit der Beantwortung von geschäftskritischen Fragen und der Entscheidungsfindung auf Basis bisher nicht gekannter Möglichkeiten, schnell zusammmen zuführen." [SCHMID] Das Aufbereiten der Daten und das anschließende Laden der Daten in das Data Warehouse geschieht meist in regelmäßigen Zeitabständen (täglich, wöchentlich, monatlich).

Der Begriff Data Warehouse und seine Philosophie wurden zum ersten Mal Mitte der 80er Jahre von William Inmon, Vice President bei Prism Technologies, geprägt und definiert. Aber erst als 1991 IBM das Projekt *Information Warehouse* vorstellte, wurde das Konzept bekannt. Beim Information Warehouse werden zur Entscheidungsunterstützung Datenkopien von den Echtzeitdaten angefertigt. Die Echtzeitdaten sind durch Übersichten und abgeleitete Daten ergänzt worden. (vgl. [Guen95], S. 309) Abbildung 4-1 zeigt die Architektur des Information Warehouse von IBM:

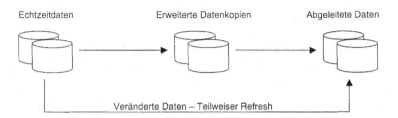

Echtzeitdaten   Erweiterte Datenkopien   Abgeleitete Daten

Veränderte Daten – Teilweiser Refresh

Abbildung 4-1: Information Warehouse-Architektur von IBM

Mittlerweile hat das Data Warehouse-Konzept stark an Popularität im Datenbankbereich gewonnen. So läßt sich der Markt für Data Warehouse-Konzepte inzwischen in folgende Anbieterstrukturen unterteilen: (vgl. [MART98] S. 343)

- Datenbankanbieter wie *Informix, Oracle, Sybase,* oder *Software AG,*
- Hardware-Hersteller wie *HP, IBM* oder *AT&T,*
- Standardsoftwareanbieter wie *SAP, Baan* oder *PeopleSoft*
- Beratungshäuser wie *CSC Ploenzke* oder *Price Warehouse*
- Anbieter von Transformationstools wie *Software AG* oder *Prism Solution*

4.2 Nutzen eines Data Warehouses

Durch die Einrichtung einer für Auswertungszwecke relevanten Datenbasis werden entscheidungsrelevante Daten von den operativen Systemen getrennt. Die operativen Systeme werden dadurch von umfangreichen Analyse-Aktivitäten entlastet. (vgl. [SCHEER] S. 2) Außerdem kann durch die Trennung in Data Warehouse und operatives System jedes System für sich optimiert werden, ohne das andere negativ zu beeinflussen. Die Einbindung aller Unternehmensbereiche und unternehmensexterner Datenquellen erhöht den Informationsgrad. Ferner ermöglichen die regelmäßigen Momentaufnahmen der Daten aus den operativen Systemen eine Historie der Daten anzulegen. Dadurch können einzelne vergangene Zustände betrachtet und somit auch längerfristige Veränderungen festgestellt werden.

Neben dem höheren Informationsgrad wird auch die Qualität der Informationen verbessert. Durch die Integration der Daten zu einem Data Warehouse werden die Daten in eine einheitliche Form überführt. Der Benutzer muß sich also nicht mehr um die einzelne Spezifikation des operativen Systems kümmern. Spezielle Tools für die Datenanalyse, die auf verschiedene Benutzerklassen zugeschnitten sind, ermöglichen es, zum Beispiel Zeitreihen- und Kennzahlenanalysen, What-If Analysen, Simulationen und schnelle Standardabfragen zu generieren. Die Bereitstellung der speziell auf diese Aufgaben ausgewählten multidimensionalen Datenbasis im Data Warehouse schafft die Voraussetzung, daß Analysen *online* zur Verfügung gestellt werden können, die man in konventionellen EDV-Systemen (mit normalisierten Datenmodell) erst nach einigen Minuten auf dem Bildschirm hat. (vgl. [SCHEER] S. 2)

Letztendlich dient ein Data Warehouse dazu den Entscheidungsprozeß zu unterstützen. „Auf Basis der im Data Warehouse gespeicherten Informationen werden die Mitarbeiter des Unternehmens – vom Top Management bis zum Sachbearbeiter – in die Lage versetzt, bei der Durchführung ihrer jeweiligen betriebswirtschaftlichen Aufgaben, schnellere und bessere Entscheidungen zu treffen. Damit wird die Wettbewerbsfähigkeit des Unternehmens auf breiter Front erhöht." ([SCHEER] S. 3)

4.3 Eigenschaften eines Data Warehouses

Nach William Inmon ist ein Data Warehouse eine Ansammlung von Daten, welche den Prozeß der Entscheidungsfindung unterstützen sollen. Es zeichnet sich dadurch aus, daß die Daten *subjektorientiert, integriert*, zeitbezogen und *beständig* gespeichert werden. Diese Eigenschaften haben zur Folge, daß sich das Data Warehouse-Umfeld sehr stark von dem eines operationalen Umfeldes unterscheidet. „A data warehouse is a subject-oriented, integrated, time-variant, nonvolatile collection of data in support of management's decision needs. The characteristics of a data warehouse - subject orientation, ... - all lead to an environment that is VERY, VERY different from the classical operational environment." [INMO96] Im folgenden sollen die Charakteristiken näher erläutert werden.

4.3.1 Subjektorientiert

Die operationalen Daten in einem Unternehmen sind funktional nach bestimmten Aufgaben oder Prozessen organisiert (Fertigung, Verkauf, FIBU, etc.). Im Data Warehouse werden diese Daten nach Subjektgruppen (Kunden, Lieferanten, Produkte, etc.) geordnet, die sich aus mehreren operationalen Systemen zusammensetzen (Abbildung 4-2). Somit ergibt sich eine Sichtweise, die an den relevanten Sachverhalten des Unternehmens orientiert ist. Diese subjektorientierte Ausrichtung hat auch eine Auswirkung auf die Modellierung und Implementation der Datenbasis. Dabei werden Daten, die für die Analyse uninteressant sind, nicht in die Datenbasis übernommen.

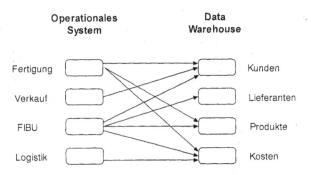

Abbildung 4-2: Definition der Eigenschaft: subjektorientiert

4.3.2 Integriert

In operationalen Systemen sind Anwendungen und die dazugehörigen Datenbanken abteilungsspezifisch erstellt worden. Dabei werden oft gleiche Attribute mit unterschiedlichen Maßeinheiten verarbeitet und gespeichert, so daß Inkonsistenzen nicht vermeidbar sind. Eine Anwendung kann zum Beispiel als Kürzel für das Geschlecht einer Person „m" und „w" verwenden. In einer anderen Anwendung ist dafür „1" und „0", „x" und „y" oder „männlich" und „weiblich" definiert. Diese unterschiedlichen Formate müssen gleichgesetzt werden. (Abbildung 4-3)

Durch die Integration der Daten in einem Data Warehouse wird ein unternehmensweit einheitliches System angestrebt, in dem die Daten in einer einzigen, allgemein akzeptierten Art und Weise gespeichert sind. Das System zeichnet sich zum Beispiel dadurch aus, daß Variablen einheitlich bezeichnet werden, Attribute dieselben Maßeinheiten besitzen und die Datenfelder in einem einheitlichen Datenformat gespeichert sind. Die sich somit ergebende Qualität der im Data Warehouse abgelegten Daten hat eine große Bedeutung für anstehende Analysen und die Akzeptanz bei den Anwendern.

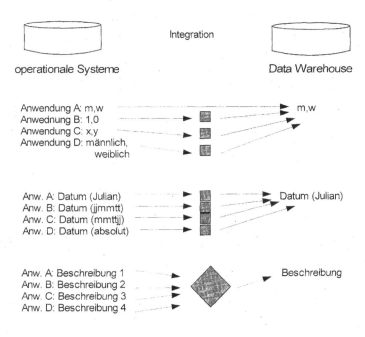

Abbildung 4-3: Definition der Eigenschaft: integriert

4.3.3 Zeitbezogen

In operationalen Systemen werden aktuelle und zeitpunktbezogene Daten gehalten, die nur einen Moment des Unternehmensgeschehens widerspiegeln. Der Benutzer erhält auf Anfrage nur die Daten, die zum Zeitpunkt seines Zugriffs aktuell sind. Um aber über Geschäftsentwicklungen urteilen zu können, werden Informationen über Veränderungen benötigt.

Zeitbezogen meint nun, daß die vom Data Warehouse übermittelten Informationen nicht von dem Augenblick des Zugriffs abhängig sind. In einem Data Warehouse werden die Daten über einen längeren Zeitraum (5 - 10 Jahre) gespeichert. Es ist also eine ganze Historie von Daten vorhanden. „The simplest way is that data warehouse represents data over a long time horizon - from five to ten years." [INMO96] Somit ist es möglich, Trendanalysen über bestimmte Zeiträume vorzunehmen.

4.3.4 Beständig

Die Daten in operationalen Systemen werden oft geändert, gelöscht oder es werden neue hinzugefügt. Um Deadlocks zu vermeiden, werden dabei aufwendige Mechanismen verwendet. Beständig bedeutet nun, daß die im Data Warehouse einmal korrekt geladenen Daten nicht mehr verändert werden. Neue operative Daten ergänzen nur die vorhandenen Informationen in einem Data Warehouse zu immer länger werdenden Zeitreihen. Ein Data Warehouse besteht aus sogenannten *Snapshots* der operativen Systeme. Somit lassen sich Veränderungen zeitraumbezogen erfassen.

Abbildung 4-4 zeigt, wie in einem operationalen System regelmäßig Veränderungen an den Daten vorgenommen werden. Im Gegensatz dazu gibt es beim Data Warehouse lediglich die zwei Operationen des anfänglichen Ladens der Daten (load) und den Zugriff auf die Daten (access). Die Operation eines „updates" der Daten durch den Benutzer ist nicht möglich. „There are only two kinds of operations that occur in the data warehouse - the initial loading of data, and the access of data." [INMO96] Manipulationen an den Daten würden mit der Zeit zu inkonsistenten Ergebnissen bei den Abfragen führen. Eine dauerhafte Datenbasis bildet somit die Grundlage für nachvollziehbare Analysen der im Data Warehouse gespeicherten Daten.

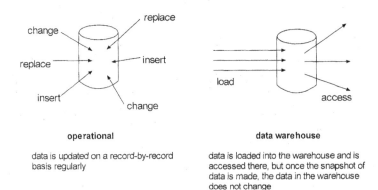

Abbildung 4-4: Definition der Eigenschaft: beständig

4.4 Organisationsformen des Data Warehouses

Die Struktur eines Data Warehouses wird durch die unternehmensindividuellen Anforderungen bestimmt. Je nach den technischen, geographischen, organisatorischen und rechtlichen Aspekten kann ein Data Warehouse zentral oder verteilt gestaltet werden. Bei der verteilten Gestaltung wird die zentrale Data Warehouse-Datenbank dezentral auf mehrere kleine Data Warehouse-Servern, den sogenannten *Data-Marts*, aufgeteilt. Data-Marts stellen quasi „Mini-Data Warehouses" für einzelne Geschäftsbereiche dar.

4.4.1 Zentrales Data Warehouse

Das unternehmensweite zentrale Data Warehouse, in dem sich alle entscheidungsrelevanten Daten befinden, war das ursprüngliche Konzept eines Data Warehouses. (Abbildung 4-5) Durch die vorhandene Eigenschaft, unterschiedliche Sichten (Views) darzustellen, ist eine Auswertung der Daten durch verschiedene Unternehmensbereiche möglich. Die zentrale Organisationsform ist für Unternehmen sinnvoll, die einen zentralen DV-Bereich besitzen, da so die vorhandenen DV-Infrastruktur und die Erfahrung der Mitarbeiter auf die zentrale Organisation ausgerichtet ist. (vgl. [INMO96])

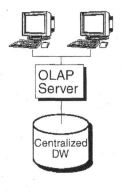

Abbildung 4-5:
Zentrales Data Warehouse

Die Vorteile des zentralen Data Warehouses sind der unkomplizierte Zugriff auf die Daten aller Unternehmensbereiche, die zentrale Erstellung und Pflege des Datenmodells, die geringere Netzbelastung durch die zentrale Ausrichtung von Auswertungen und die leichtere Zugriffskontrolle. Das zentrale Data Warehouse hat den Nachteil, daß ein unternehmensweites Datenmodell erforderlich ist und somit ein langwieriges Projekt entstehen kann. „But, because of the huge subject area (the corporation) and the vast amount of different operational sources that need to integrated, enterprise data warehouses are very difficult and time-con-suming to implement." ([ALBR98] S. 2)

Auch die damit verbundenen hohen Entwicklungskosten und die mangelnde strukturelle Flexibilität der Datenspeicherung wirken sich nachteilig aus. „Problems arise in this scenario because of the high setup costs and structural inflexibilities in data storage." ([LEHN98] S. 3)

4.4.2 Verteiltes Data Warehouse

Das unternehmensweit verteilte Data Warehouse umfaßt mehrere Data Warehouses, sogenannte *Data Marts*. Ein Data Mart ist „ein auf eine bestimmte Klasse von Geschäftsprozessen oder Problemstellungen bezogenes Data Warehouse." ([MART98] S. 426) Man könnte somit von einem anwendungsspezifischen Data Warehouse sprechen, daß sich auf bestimmte Benutzeranforderungen konzentriert. (Abbildung 4-6)

Ein Data Mart kann auf unterschiedlichen Datenhaltungssystemen basieren und an verschiedenen Standorten gehalten werden. Die Daten der verschiedenen Organisationsbereiche eines Unternehmens können individuell für die Bewertung zur Verfügung gestellt werden. Die Verwendung von Data Marts bietet ein hohes Maß an Flexibilität und baut auf kleineren, leichter handhabbaren Projekten auf. Daher erfolgt der schrittweise Einstieg in ein unternehmensweites Data Warehouse meist über den Data Mart-Ansatz. „Er stellt eine schnellere, preiswertere und mit einem geringeren Risiko behaftete Methode dar, die geschäftlichen Anwender mit den geforderten Informationen zu versorgen und ihnen eigenständige Auswertungen zu ermöglichen." ([MART98] S. 91)

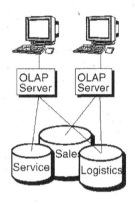

Abbildung 4-6:
Verteiltes Data Warehouse

Die Modellierung des Data Marts vollzieht sich in der gleichen Weise wie die beim Data Warehouse. Nur wird beim Data Mart immer nur eine Teilmenge des Data Warehouses abgebildet. Deswegen ist es notwendig, daß spätestens bei der Konzeption des zweiten Data Marts ein zusätzliches konsolidiertes Modell des Data Warehouses zu entwickeln ist, welches die Objekte beider Data Marts redundanzfrei abbildet. (vgl. [MART98] S. 381)

Nach Sam Anahory [ANAH97] werden Data Marts aus folgenden Gründen erstellt, die wesentliche Vorteile des Systems darstellen: (vgl. [ANAH97] S. 145)

- Beschleunigen von Abfragen durch Verringern der zu durchsuchenden Datenmenge
- Strukturieren der Daten in einer Form, die für ein Zugriffswerkzeug geeignet ist
- Partitionieren von Daten, um Zugriffssteuerungsstrategien anwenden zu können
- Segmentieren von Daten auf verschiedenen Hardware-Plattformen

4.4.3 Abwägung Data Mart- und Data Warehouse-Ansatz

Über den Aufbau eines Data Warehouses herrschen unterschiedliche Meinungen. Während die einen die „Bottom-up-Vorgehensweise" (Einstieg über aufgabenspezifische Data Marts) vertreten, bildet für andere die „Top-down-Methode" (Modell des unternehmensweiten Data

Warehouses) die richtige Ausgangsbasis. Nach bereits erwähnten Vor- und Nachteilen der einzelnen Systeme, werden dazu noch ein paar Ansichten aufgeführt.

Aaron Zornes, Vertreter des Unternehmens *Meta Group*, empfiehlt Data Marts: „Die Anwender sind mit dem Tagesgeschäft ausgelastet. Sie benötigen kleine, schlanke Lösungen, die ihnen anwendungs- und abteilungsspezifische Hilfsmittel und Informationen zur Verfügung stellen." [SIEM98] Außerdem bietet nach seiner Erfahrung die „Bottom-up-Methode" den preisgünstigeren Einstieg: „Die klassische Top-Down-Vorgehensweise läßt sich bei der Planung von Data Warehouses auch selten wirtschaftlich realisieren." [SIEM98]

Im Gegensatz dazu halten andere die „Top-down-Methode" für den richtigen Weg. Bill Inmon ist der Meinung, daß jedes Data Mart seine eigene Datenquelle benötigt und dadurch Redundanzen und eine große Anzahl von Schnittstellen für die operativen Anwendungen entstehen. Beim Zusammenführen zu einem Data Warehouse müssen diese im schlimmsten Fall alle überarbeitet werden. (vgl. [SIEM98]) Auch Vertreter des Unternehmens *Gartner Group* unterstützen die Meinung Inmons. Sie sind der Ansicht, daß beide Ansätze hinsichtlich der Komplexität vergleichbar sind. „Die Datenmenge eines Data Mart ist zwar kleiner als die eines Warehouses, aber die Probleme der Datenakquisition aus den operativen Systemen mit der dazugehörigen Extraktion, Konsolidierung und Integration ist identisch." [SIEM98]

4.5 Verfahren der Datenintegration

Im folgenden wird in zwei Verfahren beschrieben, wie ein Zugriff auf mehrere, verteilte, heterogene Datenbanken und andere Informationsquellen realisiert werden kann.

4.5.1 Lazy oder on-demand Ansatz

Beim *lazy* oder *on demand* Ansatz der Datenintegration werden die Informationen erst dann von den Quellen geholt, wenn eine Frage gestellt wird. Das Verfahren hat folgenden zweistufigen Prozeß: (vgl. [WIDO95] S. 25)

1. Beim Empfang einer Anfrage werden daraus Subfragen und Befehle erzeugt und zu einer passenden Menge von Informationsquellen weitergeschickt.

2. Beim Abholen der Ergebnisse aus den Informationsquellen werden diese umgewandelt, gefiltert, zusammengeschmolzen und an den User oder die Anwendung zurückgegeben.

Die Module, die Ergebnisse zerlegen und kombinieren, werden als *Vermittler (Mediatoren)* bezeichnet. In der Abbildung 4-7 ist die Basisarchitektur des Vermittlungssystems dargestellt:

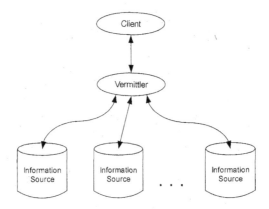

Abbildung 4-7: Basisarchitektur des Vermittlungssystems

Der *lazy* Ansatz ist meist ineffizient und langsam in der Bearbeitung, da sowohl die Zerlegung der Anfragen und Weitersendung der Subfragen, als auch die Umwandlung, Filterung und Verschmelzung der Informationen komplizierte Prozesse darstellen. Außerdem ist es recht zeitaufwendig, wenn viele Quellen benötigt werden oder (und) die Quellen weit entfernt liegen.

4.5.2 Eager oder in-advance Ansatz

Das *Eager* oder *in-advance* Verfahren wird im allgemeinen auch als Data Warehousing bezeichnet, da in einem Zentrallager alle interessanten Daten gespeichert sind. „This approach is commonly referred to as data warehousing, since the repository serves as a warehouse storing the data of interest." ([WIDO95] S. 25) Der *eager* Ansatz hat folgenden zweistufigen Prozeß: (vgl. [WIDO95] S. 25)

1. *Bereits während der Laufzeit werden mögliche interessante Informationen aus jeder Quelle geholt, umgewandelt, gefiltert und mit anderen wichtigen Informationen, die aus anderen Quellen stammen, zusammengeschmolzen. Danach werden in einem Zentrallager, dem Data Warehouse, die Informationen gespeichert.*

2. *Eine Anfrage wird direkt bei dem Zentrallager beantwortet und braucht nicht mehr auf die originalen Informationsquellen zugreifen.*

25

Durch die direkte Speicherung der Informationen in einem Lager sind beim eager-Ansatz im Gegensatz zum lazy Verfahren schnellere Anfragebearbeitungen möglich. Ein Nachteil des Warehousing-Verfahrens ist, daß die Daten physikalisch von den Quellen kopiert werden müssen und somit extra Speicherplatz benötigt wird. Außerdem ist dabei auf die Erhaltung der Konsistenz der Daten im Data Warehouse zu achten. Ein anderer Nachteil ist, daß bereits im Vorfeld die Auswahl der Datenquellen und die Selektion und Integration der einzubeziehenden Daten festgelegt werden muß.

4.6 Datenintegration beim Data Warehouse

4.6.1 Systemarchitektur

In der Abbildung 4-8 ist die Systemarchitektur des Data Warehousing-Systems abgebildet.

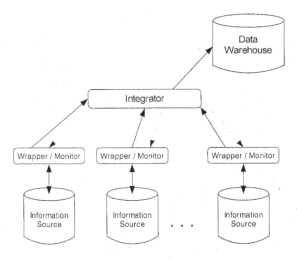

Abbildung 4-8: Architektur der Datenintegration des Data Warehouse-Systems

Als Informationsquellen können neben relationalen, hierarchischen oder objektorientierten Datenbanken auch Standardanwendungen wie SAP R/3, Workflow orientierte Systeme oder externe Quellen im Internet dienen. Die Komponenten Wrapper/Monitor stehen in Verbindung mit den Informationsquellen. Dabei ist die Komponente Wrapper (Verpacker) für die Formatumwandlung der Daten von der Quelle zum Data Warehouse verantwortlich.

Die Komponente Monitor ist für die Überwachung der Informationsquellen zuständig. Falls in den Quellen Änderungen auftreten, die für das Data Warehouse interessant sind oder neue Quellen hinzugefügt werden, wird der Integrator benachrichtigt. „The wrapper component of this module is responsible for translating information from the native format of the source into the format and data model used by the warehousing system, while the monitor component is responsible for automatically detecting changes of interest in the source data and reporting them to the integrator." ([WIDO95] S. 26)

Der Integrator ist für die Übertragung der Informationen in das Data Warehouse verantwortlich. Um eine Information in das Data Warehouse zu liefern, kann es notwendig sein, daß der Integrator noch zusätzliche Informationen von der gleichen oder einer anderen Quelle benötigt. Im Diagramm wird dieses Verhalten durch die nach unten gestrichelten Pfeile vom Integrator dargestellt. Auf den Einsatz eines Integrators kann verzichtet werden, falls die Fortschreibung der Daten von der Quelle zum Data Warehouse in regelmäßigen zeitlichen Abständen erfolgt.

4.6.2 Probleme

Informationsquellen können nach den folgenden wichtigsten Arten unterschieden werden: (vgl. [WIDO95] S. 27)

- Kooperative Quelle

  Die Quelle besitzt eine Datenbasisfunktionalität, zum Beispiel einen Trigger. Bei einer Änderung in der Quelle wird automatisch eine Nachricht gesendet. Trigger sind kleine SQL-Programme, die automatisch ausgeführt werden, falls eine Transaktion eine Tabelle aktualisiert. (vgl. [GUEN95] S. 322)

- Quelle mit Protokoll

  Die Quelle enthält ein Protokoll, in dem Informationen über Änderungen gespeichert werden. Die Monitor-Komponente braucht nur das Protokoll abzufragen, um an Informationen über die Änderungen zu gelangen.

- Abfragbare Quelle

  Die Komponenten Wrapper/Monitor erhalten wichtige Informationen über Änderungen in periodischen Anfragen bei der Quelle.

- Snapshot Quelle

  Die Quelle unterstützt nur einen Snapshot (Schnappschuß). Durch einen Vergleich des aktuellen Snapshot mit dem vorherigen Snapshot kann eine Änderung in der Quelle erkannt werden.

Je nachdem welcher Typ von Informationsquelle verwendet wird, kann es Probleme hinsichtlich der Änderungsüberwachung geben. So ist zum Beispiel bei Quellen mit Protokoll die Ausführungsfrequenz der Überwachung zu beachten. Bei einer zu hohen Frequenz verringert sich die Leistung des Systems. Ist die Frequenz zu niedrig wird die gewünschte Information zu spät geliefert. Außerdem kann es in der Praxis vorkommen, daß für jede neue Quelle eine eigene Wrapper/Monitor-Komponente implementiert werden muß. Verschiedene Informationsquellen benötigen verschiedene Wrapper/Monitor-Komponenten, da die Funktionalität der Wrapper/Monitore von dem Typ der Quelle abhängig ist.

4.7 Architektur und Komponenten eines idealtypischen Data Warehouses

Insgesamt gesehen bildet ein Data Warehouse die Verbindung zwischen den operationalen Systemen der Transaktionsverarbeitung und den Endbenutzerwerkzeugen für die Datenauswertung. Im Einzelnen läßt es sich in der Regel in die folgende Komponenten unterteilen:

- Komponente der Datenextraktion (Extraktions- und Transformationsprogramme)

- Datenbasis und Datenbankmanagementsystem

- Metadatenbanksystem für die Daten Administration

- Komponente für die Datenpräsentation (zum Beispiel Analyse- / Report Werkzeuge)

Abbildung 4-9 zeigt den Zusammenhang der einzelnen Komponenten und somit die Architektur eines Data Warehouses:

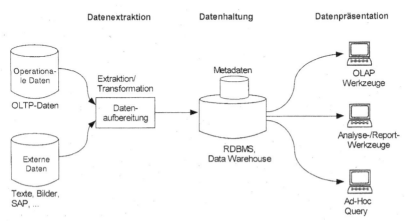

Abbildung 4-9: Architektur eines Data Warehouses

4.7.1 Extraktions- und Transformationsprogramme

Extraktions- und Transformationsprogramme dienen zum Befüllen des Data Warehouses mit Daten, die aus externen und internen Quellen stammen. „Die Vorgänge für das Füllen des Data Warehouses konzentrieren sich auf die Extraktion der Daten, ihre Aufbereitung und das Bereitstellen für die Analyse." ([ANAH97] S. 37) An die Extraktionsprogramme werden vielfältige Anforderungen gestellt. Wie in Kapitel 4.5.1 erwähnt, können die Daten aus unterschiedlichen Informationsquellen (relationalen, hierarchischen, oder objetorientierten Datenbanken) stammen, die auf verschiedenen Hardwareplattformen residieren. Die Extraktionsprogramme müssen dabei in der Lage sein, die Daten aus den verschiedenen Quellen zu extrahieren und in eine integrierte, subjektorientierte, zeitraumbezogene und beständige Struktur zu transformieren. Unter dem Oberbegriff Transformation wird die *Filterung, Harmonisierung, Verdichtung* und *Anreicherung* der Daten für das Data Warehouse verstanden. (vgl. [MERT98] S. 2)

Der Schritt der *Filterung* umfaßt die Übernahme der Daten und die Beseitigung von vorhandenen Fehlern in den Datenbeständen. In das Data Warehouse werden aber nicht alle Daten übernommen. Es werden nur die relevanten Daten, welche im Rahmen der semantischen Datenmodellierung festgelegt worden sind, miteinbezogen. Bei der Übertragung der Daten wird die interne Repräsentation von Daten der operativen Systeme in eine anwenderbezogene Darstellung transformiert. Das heißt, die Daten werden themenbezogen gruppiert beispielsweise nach Kunden, Produkten oder Organisationseinheiten gruppiert (*Harmonisierung*).

Des weiteren finden Methoden zur Datenaggregation und Datenintegration statt (*Verdichtung*). Unter Datenaggregation versteht man „die zielgerichtete und nachvollziehbare Verdichtung der importierten oder erzeugten Daten auf ein höheres Verdichtungsniveau." ([Lehmann] S. 6) Datenintegration meint „die Speicherung der selektierten Daten in den geeigneten logischen Schemata der verwendeten Datenbanksysteme." ([Lehmann], S. 6) Eine Datenaggregation könnte beispielsweise entlang der Zeitdimension (Woche, Monat, Jahr) stattfinden. Dabei werden einzelne Werte der operationalen Systeme zu einem relevanten Wert addiert. Die aufbereiteten Daten können in einem letzten Schritt noch durch betriebswirtschaftliche Kennzahlen erweitert werden (*Anreicherung*). Kennzahlen können zum Beispiel Plan/Ist-Abweichungen oder Deckungsbeiträge sein, die sich aus den vorhandenen Daten berechnen lassen. (vgl. [MERT98], S. 2-3). Letztendlich ist die Qualität der in das Data Warehouse transformierten Daten für die anstehenden Aufgaben der Entscheidungsfindung maßgebend.

4.7.2 Datenbasis und Datenbankmanagementsystem

Den Kern eines Data Warehouses bildet die Datenbasis. Dort sind aktuelle und historische Daten aus den eingebundenen Unternehmensbereichen und externen Informationsquellen enthalten. Im Unterschied zu den operationalen Datenbeständen erfolgt die Speicherung hier themenorientiert und es wird nur lesend auf die Datenbasis zugegriffen. Außerdem werden die Datenbestände zeitpunktbezogen oder periodisch erweitert. Dies hat ein kontinuierliches Wachsen der Datenbasis zur Folge, wobei das Datenvolumen einen dreistelligen Gigabyte Bereich, oder auch mehr, erreichen kann. Daher ist der Einsatz eines leistungsfähigen Datenbankmanagementsystems (DBMS) erforderlich. Das DBMS muß also große Datenbestände effizient verwalten und einen schnellen Zugriff auf die Datenbestände liefern können.

Im Data Warehouse kann ein relationales DBMS (RDBMS), ein multidimensionales DBMS (MDBMS) oder ein objektorientiertes DBMS (OODBMS) zum Einsatz kommen. Relationale DBMS sind ausgereifte und gut erforschte Produkte und werden daher sehr häufig im Data Warehouse verwendet. „Um universelle Anfragen gleichermaßen zu genügen, wird es am günstigsten auf Basis eines relationalen DBMS (RDBMS) realisiert." ([MART98] S. 63) Die Konfiguration der Data Warehouse-Datenbank weist im Vergleich zur Datenbank eines operativen Systems folgende wichtige Unterschiede auf: (vgl. [Lehmann] S. 7)

- Große temporäre Speicherbereiche für Sortierung und Gruppierung (temporäre Speicheroptimierung)
- Umfangreiche Indizierungstechniken wie Bit-Mapping, Hashing, Btree, etc. (Zugriffspfadoptimierung)
- Ausgefeilte Zugriffsmechanismen, daß heist Bereitstellen eines End-User-Layers für das „Andocken" der Endbenutzer-Werkzeuge
- Hohe Skalierbarkeit hinsichtlich dem Einsatz von Multiprozessor Architekturen

4.7.3 Metadatenbanksystem

Metadaten sind Informationen über Daten. Der Einsatz eines Metainformationssystems ermöglicht die Überschaubarkeit der DV-Organisation für EDV-Verantwortliche und für Anwender. Aufgrund des Umfangs eines Data Warehouses und der Vielfalt an Informationen ist diese Komponente unumgänglich. Ein Metadatenbanksystem enthält Informationen über Datenquellen, Dateninhalte, logische Beziehungen zwischen den Daten, Archivierugsorte, Datensichten, Verdichtungen, etc. Es bildet daher eine zentrale Komponente des Data Warehouses. Bedingt durch Änderungen in den Datenquellen und den Analysebedürfnissen der Anwender, unterliegen die Metadaten einem gewissen Wandel. Folgende drei Arten von Metadaten können unterschieden werden: (vgl. [MART98] S. 58)

- Daten für die Generierung (*Build Process*) des Data Warehouses: Datenquellen, Speichermedium/-ort, Datenstruktur, Zugriffsrechte, Anwendungen;
- Kontrolldaten (für *Build Process* und *Run-time Process*): letzter Aktualisierungszeitpunkt/Gültigkeitsdauer, Zugriffsrechte, Anwendungen;
- Anwendungsinformationen für die Nutzung (*Run-time Process*) des Data Warehouses: Datenstruktur im Data Warehouse, Semantik der Daten, Integritätsbedingungen, logische Beziehungen zwischen den Daten, Berechungsregeln;

Die Metadaten unterstützen Prozesse sowohl zur Erstellung als auch zur Nutzung des Data Warehouses. Metadaten werden benötigt von: (vgl. [Lehmann] S. 7)

- Den Fachbereichen als Informationsquelle und Suchhilfe über die vorhandenen Informtionsobjekte und deren Zusammenhänge
- Der Datenmodellierung zum Aufbau und Pflege des semantischen Datenmodells
- Der Datenadministration zur Dokumentation der logischen Schemata und zur Generierung von Datenbankbeschreibung und Datensichten.
- Der Applikationsentwicklung zur Dokumentation und Generierung spezieller Business-Support-Anwendungen
- Den Anwendungen, um zur Laufzeit Informationen aus dem Repository zu lesen (zum Beispiel Zugriffsrechte)

4.7.4 Komponenten der Datenpräsentation

Es gibt verschiedene Werkzeuge, die dem Endbenutzer (Individuum, Gruppe, Abteilung) zur Verfügung stehen und mit denen er Zugang zum Data Warehouse hat. Da die Auswerungstools der sichtbare Teil eines Informationssystems sind, habe sie den größten Einfluß auf die Akzeptanz seitens der Anwender. Die Werkzeuge lassen sich unterscheiden in:

- Ad-Hoc-Abfrage und Reporting-Werkzeuge
- Datenanalyse-Werkzeuge: OLAP
- EIS-Werkzeuge (vgl. [Lehmann] S. 8)

Operationale Systeme, die das Tagesgeschäft und deren Prozesse unterstützen, bieten nur eingeschränkte Möglichkeiten der Datenauswertung. Deswegen beauftragten bislang die einzelnen Fachabteilungen die Informatikabteilungen, um aus den einfachen Listen der operationalen Datenbanken Analysen wie Gruppierungen, Selektionen oder Sortierungen der Daten vorzunehmen. Mit Hilfe von Ad-Hoc-Abfragen (eine beliebige Abfrage zu einem gewünschten Zeitpunkt stellen zu können) und Reporting-Werkzeuge kann nun der Endbenutzer selbst seine Analysen und Berichte erzeugen. „Durch ein Ad-Hoc-Abfrage und Reporting-Tool werden zukünftig die Endanwender mit einem Werkzeug ausgestattet, das die in der jeweiligen Abteilung üblichen Fachbegriffe mit den Daten das Data Warehouses verknüpft und den Endanwender erlaubt, ihren benötigten Informationsbedarf zu decken." ([Lehmann] S. 8)

Die bei den Komponenten der Auswertungswerkzeuge vorhandene OLAP Funktionalität unterstützt zusätzlich die Analysemöglichkeiten. OLAP bedeutet Online Analytical Processing. Darunter versteht man Funktionen, die dem Benutzer eine mehrdimensionale Sicht auf die Daten vermitteln und Auswertungen unter verschiedenen Gesichtspunkten zulassen. Auf OLAP wird im folgenden Kapitel genauer eingegangen.

Ein Executive Information System (EIS) bzw. Führungsinformationssystem (FIS) ist ein weiteres Endbenutzer-Werkzeug. Wie bereits in Kapitel 3.3 beschrieben, bieten solche Werkzeuge umfangreiche Möglichkeiten zur Analyse der Daten. Eine grafische Benutzeroberfläche hilft der oberen Management-Ebene, leicht an die benötigten Informationen zu gelangen.

4.8 Interne Struktur eines Data Warehouses

Die interne Struktur eines Data Warehouses variiert zu der eines operativen Systems. Dies läßt sich auf die unterschiedlichen Aufgaben und Zielsetzungen zurückführen. Während operative Systeme für die Erledigung einer konkreten Fachaufgabe dienen, wird ein Data Warehouse für die Auswertung und Betrachtung des Datenbestandes konzipiert.

4.8.1 Denormalisierter Datenbestand

In operationalen Systemen wird meist ein relationales Datenbankmodell eingesetzt, welches sich durch die Normalisierung der Daten auszeichnet. Abbildung 4-10 zeigt ein normalisiertes Datenbankschema mit den zwei Relationen *Kunden* und *Rechnung*. Abbildung 4-11 zeigt ein äquivalentes nicht normalisiertes Schema mit der Relation *Kunden_Rechnung*. Eine Datennormalisierung bietet den Vorteil, daß keine redundanten Daten gespeichert werden und Änderungsanomalien verhindert werden. (siehe auch Kapitel 5.2) Ein solches Schema kann sich allerdings nachteilig auf Analysen auswirken, da bei Abfragen, die mehrere Tabellen betreffen, erst eine Verbindung zwischen den beiden Relationen hergestellt werden muß. „Diese sogenannte Verbindungsoperation (join) die dazu dient, Informationen aus verschiedenen Tabellen zu knüpfen, ist sehr aufwendig." ([BREI96] S. 118)

KUNDEN

Name	KundenNr	...
Schmidt	5220	...
Müller	5150	...
...	...	...

RECHNUNG

KundenNr	RechnungsNr	...
5220	330100	...
5220	330200	...
5150	330500	...
...	...	...

Abbildung 4-10: Beispiel eines normalisierten Relationenschemas

KUNDEN_RECHNUNG

Name	KundenNr	RechnungsNr	...
Schmidt	5220	330100	...
Schmidt	5220	330200	...
Müller	5150	330500	...
...	...	...	...

Abbildung 4-11: Beispiel eines nicht normalisierten Relationenschemas

Um zum Beispiel im normalisierten Schema anhand der Rechnungsnummer den Kundennamen zu erfahren, muß erst eine Verbindung zwischen den beiden Tabellen aufgebaut werden. Im denormalisierten Schema hingegen kann direkt von der Rechnungsnummer auf den Namen des Kunden zugegriffen werden. Allerdings erweist sich bei letzterem Schema der höhere Speicherplatzverbrauch und das Auftreten von Änderungsanomalien als nachteilig. Würde zum Beispiel im denormalisierten Schema der Name Schmidt in nur einem Datensatz geändert, so wären unter einer Kundennummer zwei verschiedene Namen gespeichert. Da bei einem Data Warehouse aber keine Änderungen vorgenommen werden, sind Änderungsanomalien ohne Relevanz.

Bei der Verwendung eines nicht normalisierten Schemas spricht also nur noch der Mehrverbrauch an Speicher dagegen. Die höhere Performance überwiegt aber diesen Nachteil, so daß normalisierte Datenbanken im Data Warehouse weniger geeignet sind. „Normalisieren in einem Data Warehouse kann zu umfangreichen ineffektiven Verknüpfungsarbeiten führen. Diese sollten vermieden werden." ([ANAH97] S. 117)

4.8.2 Granularität der Daten

Die Datenbasis eines Data Warehouses enthält Daten in unterschiedlichen Verdichtungsstufen (Abbildung 4-12). Die Höhe der Verdichtung wird als Granularität bezeichnet. Eine gröbere Granularität bedeutet einen höheren Informationsverlust aber auch weniger Speicherplatzverbrauch aus DV-technischer Sicht. Eine feinere Granularität ist für den Anwender vorteilhafter, da detailliertere Auswertungen möglich sind. Beim Zusammenfassen von Daten ist immer ein Kompromiß zwischen Informationsbedarf und Speicherplatz zu treffen. Insgesamt wirkt sich die Granularität auf den Speicherplatzbedarf, die Verarbeitungsgeschwindigkeit und die Flexibilität eines Data Warehouses aus.

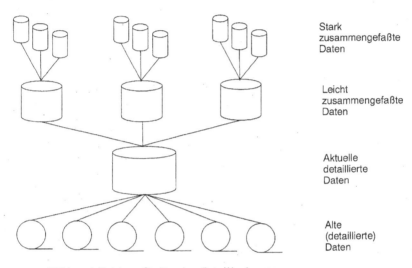

Stark
zusammengefaßte
Daten

Leicht
zusammengefaßte
Daten

Aktuelle
detaillierte
Daten

Alte
(detaillierte)
Daten

Abbildung 4-12: Interne Struktur eines Data Warehouses

Aktuelle Daten haben meist eine feine Granularitätsstufe und bilden das Kernstück des Data Warehouses. Um eine hohe Verfügbarkeit und einen schnellen Zugriff zu gewähren, werden sie meist auf Plattenlaufwerken gespeichert. Der für die aktuellen Daten maßgebende Zeithorizont hängt von den Anforderungen der Benutzer sowie der Art der Daten ab. Alte Daten, die außerhalb des aktuellen Zeithorizontes liegen, werden, um Kosten zu sparen, auf physikalisch langsameren Medien (zum Beispiel Bändern) archiviert. Außerdem liegen ältere Daten in leicht verdichteter Form auf schnelleren Medien vor, damit nicht bei jedem Zugriff auf Daten außerhalb des aktuellen Zeithorizontes auf das Archiv zurückgegriffen werden muß. Um langfristige Trends aufzuspüren liegen über den gesamten betrachteten Zeithorizont die Daten auch in hoch verdichteter Form vor.

4.8.3 Partitionierung der Daten

Unter Partitionierung wird die Aufteilung des Datenbestandes eines Data Warehouses auf mehrere kleine, physikalisch selbständige Partitionen mit redundanzfreien Datenbeständen verstanden. Durch die Aufteilung auf mehrere Einheiten kann flexibel mit den Daten gearbeitet werden. Zum Beispiel lassen sich Indizierungen, Reorganisationen oder Datensicherungen einfacher durchführen. Eine Partitionierung kann nach folgenden Kriterien vorgenommen werden: (vgl. [SCHMID])

- Datum
- Geschäftszweig
- Geographische Aspekte
- Organisationseinheiten

5 Online Analytical Processing (OLAP)

5.1 Einführung

Die grundlegende Idee des Data Warehouse-Konzeptes besteht in der Trennung der Daten zur Steuerung der operativen Prozesse von den Daten für die Analyse und Kontrolle. Eine speziell für Auswertungszwecke eingerichtete Datenbasis soll den Anwender mittels verschiedener Werkzeuge und ergänzenden Technologien umfangreiche Möglichkeiten zur Analyse bieten. Beispiele für solche Systeme sind Online Analytical Processing (OLAP) -Systeme und Data Mining-Systeme.

OLAP-Techniken umfassen Funktionen zur Analyse und Verarbeitung der im Unternehmen vorhandenen Daten. „OLAP ist definiert als eine Menge von DSS-Werkzeugen, deren Aufgabe die Unterstützung der komplexen Analyse mehrdimensionaler Daten ist." ([MART98] S. 432) Unter OLAP wird dem Benutzer eine mehrdimensionale Sicht auf die Unternehmensdaten vermittelt. Sogenannte Dimensionen wie zum Beispiel *Produkt, Zeit, Kunde* oder *Vertriebsbereich* erlauben die Auswertung der Unternehmensdaten nach verschiedenen Gesichtspunkten. Neben der multidimensionalen Analyse der Datenbestände werden auch Funktionen zur Trendanalyse über verschiedene Zeitperioden unterstützt.

Neben OLAP ist das Data-Mining ein weiteres leistungsfähiges Werkzeug zur Datenauswertung. Data-Mining Systeme sollen im Gegensatz zu OLAP-Systemen selbständig Muster in den Daten aufspüren und den Anwender darauf hinweisen. „Das Data Mining, auf der anderen Seite, versucht die in der Datenbank implizit vorhandenen Muster, und Zusammenhänge weitgehend automatisch zu erkennen." ([BREI96] S. 106) Data-Mining Systeme finden also Abhängigkeiten und Abweichungen in den Daten und leiten daraus Hypothesen (Muster/Regeln) ab.

Um Hypothesen aus den Daten abzuleiten, kommen unterschiedliche Data Minig-Techniken zum Einsatz. Die gängigsten sind: (vgl. [MART98] S. 257)

- Warenkorbanalysen *(market basket analysis)*
- Fallbasiertes Schließen *(memory or case based reasoning)*
- Entscheidungsbäume und Induktion von Regeln *(decision trees and rule induction)*
- Neuronale Netze *(artifical neural networks)*
- Genetische Algorithmen *(genetic algorithms)*
- Automatische Clusteranalyse *(automatic cluster detection)*
- Analyse von Beziehungen zwischen Datensätzen *(link analysis)*

Der Prozeß des Data-Minings kann als bottom-up-Ansatz angesehen werden. OLAP-Anwendungen werden dagegen als top-down-Ansatz verstanden, da sie die Daten nach speziellen Benutzeranfragen hin analysieren. „Mit OLAP werden fragegetriebene Daten-Analysen durchgeführt und Hypothesen verifiziert: OLAP = What you ask is what you get." ([MART98] S. 323) In den folgenden Kapiteln wird das OLAP-Konzept sowie Funktionen und Anforderungen an OLAP-Systeme näher betrachtet.

5.2 Abgrenzung zu Online Transaction Processing (OLTP)

OLTP Systeme dienen der Transaktionsverarbeitung und werden von vielen Benutzern gleichzeitig benutzt. Die Datenbestände sind zur Nutzungszeit aktuell und gültig und enthalten keine archivierten Daten. Die Anwender nehmen Einfüge-, Änderungs- oder Löschoperationen an nur einzelnen Datensätzen vor. Für diese Art von Zugriffen sind relationale Datenbanken, die ihre Daten in Tabellen speichern, optimiert. „Relationale Systeme wurden ursprünglich für das OLTP entwickelt und auch für diese Art der Datenverarbeitung optimiert." ([BREI96] S. 118) Relationale Datenbanken liegen meist in normalisierter Form vor. Durch die Normalisierung versucht man, möglichst wenig Redundanz in dem relationalen Datenbanksystem zu erzeugen. Der Vorteil solcher Systeme ist, daß notwendige Änderungen nur an einer Stelle vollzogen werden müssen und die referentielle Integrität der Datenbank gewährt bleibt. Dies ist notwendig, da - wie bereits erwähnt - bei der Transaktionsverarbeitung die Daten gelesen, geschrieben und geändert werden.

OLAP-Systeme hingegen greifen nur lesend auf die Datenbestände zu und werden gleichzeitig von relativ wenigen Anwendern genutzt. Dabei wird aber eine große Anzahl von Datensätzen ausgewählt. Neben aktuellen sind auch historische Datenbestände von Interesse, auf die verschiedene Operationen angewandt werden müssen. Hierbei kann es beim Einsatz von relationalen Datenbanken zu sehr langen Wartezeiten kommen. Der Grund dafür ist, daß die Normalisierung der relationalen Datenbank zu einer Zersplitterung in eine Vielzahl von Tabellen und Verknüpfungen führt, die eine effektive Analyse der Daten durch den Benutzer erschweren. Da bei OLAP-Systemen auf die Daten nur lesend zugegriffen wird, kann aus Gründen der Performance eine redundante Speicherung der Daten in Kauf genommen werden. Für OLAP-Techniken werden somit neben den relationalen Datenbanksystemen auch multidimensionale Datenbanken eingesetzt. Diese speichern intern die Daten in einer mehrdimensionalen Struktur und sind speziell auf die Bedürfnisse von multidimensionaler Datenhaltung und –analyse zugeschnitten.

Die unterschiedliche Art der Nutzung von OLAP- und OLTP-Systemen hat typische Lastverteilungen der Anwendungen zur Folge (Abbildung 5-1). OLTP-Systeme haben über einen Zeitraum eine gleichmäßig hohe Lastverteilung. Wie beschrieben werden relativ kleine Datenmengen aus-gewählt. Es greifen jedoch viele Mitarbeiter gleichzeitig auf die Datenbank zu. Die Last von OLAP-Systemen ist relativ gering, steigt jedoch bei Anfragen sprunghaft auf das Maximum an.(vgl. [BREI96] S. 123) Es greifen zwar wenig Mitarbeiter gleichzeitig auf das System zu, je-doch müssen große Datenmengen in einer Transaktion verarbeitet werden. Außerdem müssen für bestimmte Analyseergebnisse die Werte meist entlang eines Hierarchiebaumes aggregiert wer-den.

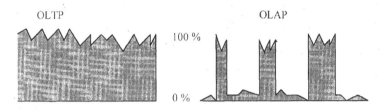

Abbildung 5-1: Lastverteilung bei OLTP- und OLAP-Systemen

5.3 Mehrdimensionale Darstellung von Daten

Die mehrdimensionale Darstellung ist für den Benutzer sehr anschaulich. Die Informationen las-sen sich aus verschiedenen Sichten betrachten. Im folgenden soll an einem Beispiel diese Dar-stellungsart erklärt werden.

5.3.1 Matrixdarstellung

Ein Autohändler hat zum Beispiel die Verkaufszahlen für PKW's in Form einer Tabelle vorlie-gen (Abbildung 5-2). Dabei handelt es sich um die denkbare Beziehungsrelation zwischen den Entitäten *Rahrzeugtyp* und *–farbe* in einem relationalen Datenbankmodell.

Fahrzeugtyp	Farbe	Anzahl
Van	Blau	6
Van	Rot	5
Van	Weiß	4
Sportwagen	Blau	3
Sportwagen	Rot	5
Sportwagen	Weiß	5
Kombi	Blau	4
Kombi	Rot	3
Kombi	Weiß	2

Abbildung 5-2: Verkaufszahlen in Tabellenform

Setzt man nun genügend große Datenmengen voraus, so ist leicht zu erkennen, daß für manche Auswertungen die Darstellung in einer Tabelle recht ungünstig ist. Um beispielsweise die Anzahl der verkauften PKW's festzustellen, welche die Farbe blau besitzen, muß die gesamte Tabelle durchsucht werden. Erst falls die Farbe blau zutrifft, kann die jeweilige Eingabe zu der bisherigen Summe dazu addiert werden. Eine weitere Anfrage wäre, die Summe der verkauften PKW's pro Fahrzeugtyp zu bestimmen. Hierbei muß zuerst die Anzahl der unterschiedlichen Fahrzeugtypen ermittelt werden. Erst anschließend kann für jeden Typ die Summe gebildet werden. Anstatt die Daten in einer Tabelle darzustellen, kann auch eine Matrix (Array) verwendet werden. Ein Array ist die grundlegende Komponente einer multidimensionalen Datenstruktur. Die Darstellungsart der Matrix sieht man in der Abbildung 5-3.

Fahrzeugtyp

	Rot	Weiß	Blau
Van	5	4	6
Sportwagen	5	5	3
Kombi	3	2	4

Rot Weiß Blau **Farbe**

Abbildung 5-3: Matrixdarstellung von Verkaufszahlen

Bei der Matrixdarstellung befinden sich die eigentlichen Daten im Innern der Matrix und werden als *cells* bezeichnet. Im Beispiel sind das die Verkaufszahlen. Die Achsen der Matrix (im Beispiel Fahrzeugtyp und Farbe) werden *Dimension* genannt. Die diskreten Einteilungen einer Dimension (im Beispiel für Fahrzeugtyp: Van, Sportwagen, Kombi) werden als *position* oder *member* bezeichnet. (vgl. [BREI96] S. 110)

Die Matrixdarstellung bietet einige Vorteile gegenüber der Darstellung in Tabellenform. Da Daten des gleichen Typs gruppiert werden ist auf einen Blick ein hohes Maß an Information erkennbar. Zum Beispiel kann der Benutzer sofort die Anzahl der positions erkennen. So gibt es im Beispiel bei der Dimension Farbe drei Ausprägungen. Außerdem stehen die Werte für eine position in einer Zeile oder Spalte und können somit leicht aufsummiert werden.

5.3.2 Darstellung als Datenwürfel (Data Cube)

Bezüglich der Dimensionen läßt sich die Matrixdarstellung verallgemeinern, indem das vorige Beispiel um eine Dimension erweitert wird. Dies könnte zum Beispiel durch die Betrachtung des Großhändlers, der den Autohändler beliefert, geschehen. Der Großhändler hat in der Tabelle eine vierte Spalte vermerkt, in welcher der belieferte Händler steht. Die mehrdimensionale Darstellung dieser Tabelle hat nun drei Dimensionen. Eine solche mehrdimensionale Struktur läßt sich gut durch die Abbildung eines Würfels, eines sogenannten *Data Cube*, veranschaulichen (Abbildung. 5-4). Dabei stellt jede Seite eines Würfels eine Dimension dar.

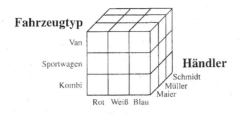

Farbe

Abbildung 5-4: Verkaufszahlen als Data Cube

Falls in der Tabelle des Großhändlers noch weitere Spalten (zum Beispiel Wochen) dargestellt sind, wird die grafische mehrdimensionale Darstellung schwierig. Es müßten vier Dimensionen dargestellt werden. In so einem Fall wird bei der visuellen Darstellung auf eine der Dimensionen verzichtet. Das Verzichten einer Dimension kann dadurch geschehen, daß man die Werte einer Dimension zu einem neuen Wert zusammenfaßt. Eine andere Möglichkeit der Visualisierung wäre, wenn man jede Position dieser Dimension in einem eigenen Data Cube grafisch darstellt.

Bei der Darstellung der Daten in Form eines Data Cube werden die Daten so abgebildet, „wie sie auch in der Realität von den Benutzern gesehen werden." ([TOTO98] S. 9) Der Datenzugriff erfolgt in einer intuitiven Form, wobei der Anwender keine Kenntnisse einer Abfragesprache, wie zum Beispiel SQL, bedarf. Entscheider „sollen auf möglichst intuitive Weise zu ihren Informationen finden können." ([BAGE97] S. 285) Außerdem ist die Navigation in einem Würfel unabhängig davon, ob die Art der Datenorganisation auf einem relationalen oder multidimensionalen Datenbanksystem beruht. (siehe Kapitel 5.4)

Ein Vorteil des sogenannten multidimensionalen Datenmodells ist, daß es verschiedene Sichtweisen auf die Unternehmensdaten liefert (Abbildung 5-5). Dies ist notwendig, da die Anwender je nach ihrer Funktion im Unternehmen, verschiedene Bezugsgrößen haben. So möchte ein Produktmanager die Verkaufszahlen eines Produktes in allen Absatzgebieten über sämtliche Monate eines Jahres hinweg wissen. Ein Finanzmanager eines Unternehmens interessiert sich für die Zahlen aller Produkte und Gebiete für einen Monat. Der Gebietsleiter wiederum benötigt die Werte zu allen Produkten und Monaten für ein bestimmtes Gebiet. Neben der Sicht auf die Daten aus den unterschiedlichsten Blickwinkeln sollte auch der Maßstab jeder Dimension skalierbar sein. So müssen sich bei Bedarf nicht nur die Werte pro Monat sondern auch die kumulierten

Werte pro Jahr oder die Angaben pro Woche darstellen lassen. (vgl. [BAGE97] S. 285) Die Funktionen, die so ein flexibles Zugreifen auf die Daten erlauben, werden in Kapitel 5.5 genauer erklärt.

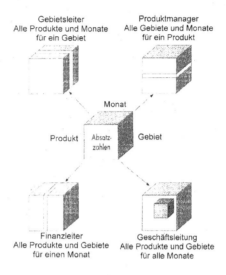

Abbildung 5-5: Unterschiedliche Sichtweisen auf Absatzzahlen

5.3.3 Begriffserklärungen

Bezüglich der Darstellung der Daten in einem Data Cube sind eine Reihe Begriffe verbunden. Einige wichtige sollen im folgenden aufgeführt werden:

Variable, Kennzahl:

Variablen sind numerische Werte und stellen die eigentlichen Inhalte von OLAP-Würfeln dar. *Umsatzdaten*, die analysiert werden sollen, können als Beispiel für eine solche Kenngröße dienen. Die Verwendung des Begriffs Variable wird in der Literatur unterschiedlich behandelt. Es wird dabei teilweise auch von *Facts*, *Measures* oder *Measured Facts* gesprochen. (vgl. [TOTO98] S. 10)

Dimensionen:

Dimensionen stellen dar, aus welcher Sicht die Variablen betrachtet werden sollen. So kann zum Beispiel die Variable *Umsatz* aus der Sicht der Dimensionen *Zeit*, *Region* oder *Vertriebsweg* analysiert werden. „Die Dimensionen sind abhängig vom betriebswirtschaftlichen Anwendungsgebiet und von der Art der jeweiligen Analyse." ([TOTO98] S. 11) Außerdem sind Dimensionen meist völlig unabhängig voneinander. (vgl. [TOTO98] S. 11) Dimensionen lassen sich in hierarchische und nicht-hirarchische Dimensionen untergliedern.

Hierarchien:

Dimensionen können hierarchische Strukturen aufweisen, indem sie sich in Ebenen untergliedern. Die Ebenen bilden zusammenhängend einen Konsolidierungspfad, der aus einer Anzahl von Konsolidierungsschritten besteht und sich von der untersten Dimension bis zur obersten erstreckt. Dabei spricht man auch von einer *Dimensionshierarchie*. (vgl. [TOTO98] S. 11)

5.4 Arten der Datenhaltung

Die Art der Datenhaltung läßt sich in die zwei wichtigsten Konzepte *MOLAP* (*Multidimensionales OLAP*) und *ROLAP* (*Relationales OLAP*) unterteilen. Die Konzepte unterscheiden sich in der Art und Weise, wie multidimensionale Strukturen gespeichert und verwendet werden. Dabei wird zwischen der Verwendung von klassisch relationalen Datenbanksystemen und physisch multidimensionalen Datenbanksystemen differenziert.

5.4.1 Multidimensionales OLAP (MOLAP)

Bei der Verwendung von MOLAP kommen „spezifische Produkte für OLAP, die auf einer eigenen proprietären mehrdimensionalen Datenbank beruhen", zum Einsatz. ([MART98] S. 431) Die multidimensionalen Datenstrukturen auf der konzeptionellen Ebene werden also physikalisch umgesetzt. Die Daten werden dabei physikalisch auf multidimensionalen Zellstrukturen gespeichert, die direkt adressiert werden können.

Der Einsatz von MOLAP-Systemen bringt erhebliche Geschwindigkeitsvorteile bei der Analyse und Verarbeitung großer Datenmengen. „Multidimensionale DBMS wurden speziell für die Speicherung Hypercube-artiger Datenstrukturen entwickelt und können die interaktive Auswertung entsprechender Datenstrukturen hocheffizient durchführen." ([EICK96] S.15) Allein die Suche nach einem einzigen Element ist in einer mehrdimensionalen Datenbank schneller als in einer relationalen Datenbank. Um in einem 10*10*10 Einträge großen Datenwürfel einen Eintrag mit bestimmten Eigenschaften zu suchen, müssen in einem relationalen Modell alle 1000 Datensätze durchsucht werden. Im mehrdimensionalem System müssen auf jeder Dimension nur maximal 10 Einträge durchsucht werden. (vgl. [BREI96] S. 122)

Bei multidimensionalen Systemen handelt es sich um spezialisierte Softwaresysteme, bei denen der Zugriff auf gespeicherte Daten nur über die zugehörige Auswertungssoftware möglich ist. Spezielle Auswertungsprogramme sind deshalb erforderlich, da die Daten in einer Hypercube-artigen Weise abgespeichert sind. Dadurch entstehen oftmals Lösungen, die zwar die Anforderungen an Mehrdimensionalität erfüllen, jedoch zu keinem Standard kompatibel sind. Aus diesen Gründen sollten mehrdimensionale Systeme nur dort Verwendung finden, wo ihre Vorzüge durch Beschränkung auf Hypercube-Auswertungen voll zum Tragen kommen. (vgl. [EICK96] S. 15)

5.4.2 Relationales OLAP (ROLAP)

Bei der Verwendung von relationalen Datenbanksystemen, für die multidimensionalen Datenstrukturen, spricht man von ROLAP oder auch *virtuellem OLAP*. Die Produkte „speichern eine Menge von Beziehungen, die logisch einen mehrdimensionalen Würfel darstellen, aber physikalisch bleiben die Daten in einer relationalen Datenbank." ([MART98] S. 433) Die Schnittstelle zwischen OLAP-Anwendungen und einer relationalen Datenbank wird als *ROLAP-Engine* bezeichnet. Ihre Aufgabe besteht darin, relationale Daten in multidimensionale Strukturen aufzubereiten.

Relationale Datenbanken sind für OLAP-Systeme mit Nachteilen verbunden. Wie im vorigen Kapitel erwähnt, liegen relationale Datenbanken in normalisierter Form vor. Um nun Zusammenhänge zwischen den einzelnen Relationen wieder herzustellen, also ursprüngliche Informationen zu erhalten, müssen Daten aus mehreren Tabellen miteinander verbunden werden. Dies ist im allgemeinen sehr aufwendig, da die Verbindungsoperationen (join) ein relationales System stark beanspruchen. Daher ist bei ROLAP-Lösungen mit Performance-Einbußen zu rechnen.

Relationale Datenbanken und SQL als Abfragesprache für relationale Datenbanksysteme bieten keine speziellen Funktionen zur Durchführung multidimensionaler Operationen. QLAP Funktionen wie *drill down*, *slicing* oder *dicing* (siehe Kapitel 5.5) müssen durch umfangreiche, meist langlaufende Anfragen nachgebildet werden. „Meist müssen diese Anfragen umständlich formuliert werden und haben lange Laufzeiten, da die Art der Datenspeicherung im relationalen System und die vom Benutzer gewünschte Ausgabe der Daten unterschiedlich sind." ([BREI96] S.123) Um diese Einschränkungen zu beseitigen, haben einige Firmen Erweiterungen von SQL vorgeschlagen. Diese sind jedoch firmenspezifisch und nicht in den SQL Standard übernommen worden.

Relationale Datenbanksysteme bieten aber auch Vorteile. Bei der Speicherung und Verarbeitung nicht mehrdimensionaler Daten habe MOLAP-Systeme Schwächen. So sind relationale Systeme im OLTP-Bereich nicht mehr zu ersetzen. Bei ROLAP-Systemen handelt es sich um ausgereifte, bewährte Produkte, die auf einem verständlichen relationalen Modell basieren. „Ein weiterer Vorteil ist die Tatsache, daß der Einsatz relationaler Datenbanken aufgrund von bereits vorhandenem Know-how in Unternehmen wesentlich einfacher vorangetrieben werden kann." ([MART98] S. 378) Außerdem bieten ROLAP-Systeme laut Hersteller eine bessere Unterstützung von Schnittstellen und ermöglichen dadurch eine Realisierung mit Hilfe marktgängiger Softwarewerkzeuge. „ROLAP-Systeme unterstützen dagegen auch Standardschnittstellen (SQL, ODBC), so daß mit entsprechenden Tools darauf zugegriffen werden kann." ([JANE97] S. 285)

5.5 Funktionen mehrdimensionaler OLAP Systeme

OLAP Systeme ermöglichen dem Anwender eine für den jeweiligen Analysezweck nötige Sicht auf die Daten zu erhalten. So gibt es beispielsweise Funktionen zum Wechsel des Blickwinkels, zum Detaillieren oder zum Verdichten. Damit werden Strukturen sichtbar, die Entwicklungen oder Trends erkennen lassen. Im folgenden werden einige wichtige Techniken der Navigation in OLAP-Würfeln vorgestellt.

5.5.1 Rotation oder data slicing

Mit OLAP-Anwendungen kann der Anwender einen Überblick über die Unternehmensdaten aus verschiedenen Perspektiven erlangen. So kann mit der Funktion *rotation oder data slicing* eine Drehung des mehrdimensionalen data cubes um 90 Grad vorgenommen werden. (vgl. [BREI96] S. 112) Durch die Drehung des Modells erhält der Benutzer die für den jeweiligen Verwendungszweck relevante Sicht auf die vorhandenen Daten. In der Abbildung 5-6 ist ersichtlich, wie die Daten zuerst unter den Bezugsgrößen *Fahrzeugtyp* und *Farbe* betrachtet werden. Nach einer Drehung des Würfels um 90 Grad erhält man die selben Daten, nur aus dem Blickwinkel der Dimensionen *Farbe* und *Fahrzeugtyp*. Eine weitere Drehung stellt die Dimensionen *Händler* und *Fahrzeugtyp* gegenüber. Die Anzahl der durch Drehung erreichbaren Sichten steigt exponentiell mit der Anzahl der Dimensionen der Daten. Bei n Dimensionen existieren n! (Fakultät) Sichten. Somit existieren bei drei Dimensionen sechs Sichten und bei fünf Dimensionen bereits 120 Sichten. (vgl. [BREI96] S. 112)

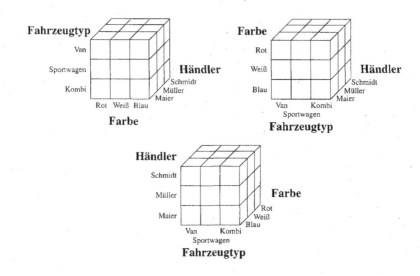

Abbildung 5-6: Rotation oder data slicing

5.5.2 Ranging oder data dicing

Die Funktion *ranging* oder *data dicing* ermöglicht es, Dimensionen auf verschiedene *positions* einzuschränken. (vgl. [BREI96] S. 112) Dadurch erhält der Benutzer nur auf diejenigen Daten eine Sicht, die für ihn von Interesse sind. In der Abbildung 5-7 ist ein Beispiel für das *ranging* der Dimensionen *Händler* und *Fahrzeugtyp* abgebildet. Nach der Ausführung der Funktion können auf den resultierenden data cube alle Operationen wie zuvor angewandt werden.

Abbildung 5-7: Ranging oder data dicing

5.5.3 Hierarchien, drill down, roll up und drill through

OLAP-Tools ermöglichen das Zusammenfassen mehrerer positions einer Dimension zu einer neuen position, die dann an Stelle der bisherigen steht. (vgl. [BREI96] S. 113) Diese sogenannte *Hierarchie* einer Dimension kann mehrere Ebenen umfassen. Eine Hierarchie ist in mehrere Stufen aufgeteilt, die unterschiedliche Detaillierungsgrade der Daten besitzen. Dabei gelangt man mit der Funktion *drill down* auf eine höhere Detailebene. Umgekehrt gibt die Funktion *roll up* einen gröberen Überblick über die Daten. Um Daten auf derselben Hierarchieebene gegenüberstellen zu können, gibt es auch die Möglichkeit des sogenannten *drill through*. Diese verschiedenartigen Funktionen sind in der nachfolgenden Abbildung 5-8 ersichtlich:

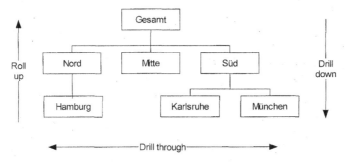

Abbildung 5-8: Drill down, Roll up und drill through

Manchmal wäre es von Vorteil, verschiedene Hierarchien auf einer Dimension aufzubauen. Ein Beispiel dafür zeigt die Abbildung 5-9. Dort werden einzelne Automarken zum einen zu Herstellermarken und zum anderen zu verschiedenen Autoklassen (zum Beispiel Stufenheck) zusammengefaßt. Ermöglicht wird dies durch *mehrfache Hierarchien*. Eine mehrfache Hierarchie zeichnet sich dadurch aus, daß eine position zu verschiedenen positions einer höheren Stufe gehört. Damit das OLAP-System die Daten bei einem Wechsel zu einer höheren Hierarchieebene aggregieren kann, muß für jede Hierarchie eine Aggregationsfunktion definiert werden.

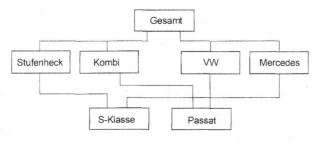

Abbildung 5-9: Mehrfache Hierarchie

5.6 Anforderungen an OLAP Systeme

OLAP Anwendungen sind aufgrund besonderer Anforderungen an Informationssysteme entstanden. Diese hat *E. F. Codd*, der eigentliche Vater der relationalen Datenbanken, beschrieben. Er formulierte zwölf Regeln, die die Anforderungen an OLAP Systeme definieren. Diese Mindestanforderungen an OLAP-Systeme erschienen im Auftrag von *Arbor Software* in dem Whitepaper mit dem Titel „Providing OLAP to User-Analysts: an IT Mandate." [CODD93] Codd versuchte mit seinem Ansatz die Funktionalität von OLAP-Software zu vereinheitlichen. Mitlerweile wurden die Regeln von Codd vom *OLAP-Council* und dem Unternehmen *Gartner Group* mehrfach ergänzt. Im folgenden wird nur auf die Anforderungen von Codd eingegangen.

a) Multidimensionale, konzeptionelle Sicht auf die Daten

Die natürliche Sicht von Anwendern auf die reale Welt eines Unternehmens ist mehrdimensional und läßt sich nur schwer in zweidimensionale Tabellen darstellen. Codd fordert deshalb eine mehrdimensionale, konzeptionelle Sicht von Anwendern auf OLAP Modelle, so daß betriebswirtschaftliche Variablen wie zum Beispiel *Umsatz* oder *Kosten* sich in verschiedenen Dimensionen wie *Zeit* oder *Vertriebsbereiche* aufgliedern lassen. „A user-analyst's view of the enterprise's universe is multidimensional in nature. Accordingly, the user-analyst's conceptual view of OLAP models should be multidimensional in nature." ([CODD93] S. 12) Dem Anwender muß es also möglich sein, solch ein multidimensionales Modell auf einfachem Wege zu konzipieren. Ebenso sollen Analysen auf einfache Art und Weise durchgeführt werden können. Dabei soll die Darstellung der Daten unabhängig von der Art der physikalischen Speicherung der Daten sein.

b) Transparenz

Es sollte für den Anwender erkennbar sein, ob OLAP ein Teil des anwenderüblichen Frontend-Produktes (zum Beispiel Tabellenkalkulation oder Graphikpaket) ist und ob die von OLAP dargestellten Daten aus einer heterogenen oder homogenen Datenbank stammen. „Whether OLAP is or is not part of the user's customary front-end (e. g., spreadsheet or graphics package) product, that fact should be transparent to the user. Additionally, it should be transparent to the user as to whether or not the enterprise data input to the OLAP tool comes from a homogenous or heterogeneous database environment." ([CODD93] S. 12) Ferner sollte dem Anwender in Kenntnis gesetzt werden, ob die OLAP-Software ihre Daten aus einer einzigen Datenbank oder aus mehreren Datenbanken bezieht.

c) Zugriffsmöglichkeit

Es muß gewährleistet sein, daß das jeweilige OLAP-System sein eigenes logisches Schema auf heterogene physikalische Datenbestände abbildet, auf diese Daten zugreift und jede notwendige

Konvertierug vornimmt, um dem Anwender eine einzige, kohärente und konsistente Datenpräsentation liefern zu können. „That is to say that the OLAP tool must map its own logical schema to heterogeneous physical data stores, access the data, and perform any conversions necessary to present a single, coherent and consistent user view." ([CODD93] S. 13) Außer der Anforderung auf jede beliebige Datenquelle zugreifen zu können, sollte das OLAP-System keine unnötigen Daten miteinbeziehen, sondern nur Daten, die für die bevorstehende Analyse benötigt werden.

d) Konsistente Berichterstellung

Im Laufe der Zeit werden die gespeicherten Daten im Data Warehouse beständig anwachsen. Es ist jedoch dafür zu sorgen, daß bei einer Zunahme der Anzahl der Dimensionen und des Datenvolumens der Anwender nicht wesentlich im Antwortzeitverhalten beeinträchtigt werden. „As the number of dimensions or the size of the database increases, the OLAP user-analyst should not perceive any significant degradation in reporting performance." ([CODD93] S. 13) Minutenlange Antwortzeiten im Bereich des OLAP sind für den Benutzer nicht akzeptabel. Er könnte dazu verleitet werden Anfragen zu stellen die zwar schneller bearbeitet werden aber nicht seinen wirklichen Informationsbedarf decken.

e) Client/Server-Architektur

Da hohe Anforderungen an OLAP-Systeme gestellt werden, sollten sie in einer Client/Server Architektur realisiert werden. Des weiteren müssen die Server-Komponenten ausreichend leistungsstark sein, so daß verschiedene Clients mit geringem Aufwand und minimaler Integrationsprogrammierung angeschlossen werden können. „It is therefore mandatory that the OLAP products be capable of operating in a client-server environment. To this end, it is imperative that the server component of OLAP tools be sufficiently intelligent such that various clients can be attached with minimum effort and integration programming." ([CODD93] S. 13)

f) Generische Dimensionalität

Jede Datendimension muß strukturelle und funktionelle Äquivalenz aufweisen. Das heißt, Funktionen sollten symmetrisch aufgebaut sein und auf alle Dimensionen anwendbar sein. Die elementare Datenstruktur, die Formeln und Berichtsformate sollten nicht zugunsten einer einzelnen Datendimension gewichtet werden. „The basic data structure, formulae, and reporting formats should not be biased toward any one data dimension." ([CODD93] S. 13)

g) Dynamische Handhabung dünn besetzter Matrizen

In einem mehrdimensionalen Datenmodell sind oft nicht alle Kombinationen von Ausprägungen mit Werten gefüllt. Zum Beispiel wird nicht in jedem Vertriebsbereich jedes Produkt verkauft.

Dies bedeutet, daß in dem jeweiligen Modell Lücken entstehen (Matrix enthält viele Nullwerte). Durch das Vorhandensein von vielen Nullwerten wird einerseits viel Speicherplatz belegt, andererseits können sich auch die Analysen erheblich verlangsamen. Das physikalische OLAP-System muß daher in der Lage sein, spärlich besetzte Matrizen mittels geeigneter Verfahren effizient zu verwalten. „The OLAP tools' physical schema must adapt fully to the specific analytical model being created to provide optimal sparse matrix handling." ([CODD93] S. 14)

h) Mehrbenutzerunterstützung

OLAP-Werkzeuge müssen parallel für mehrere Benutzer Abfrage- und Aktualisierungsoperationen ermöglichen. Dabei muß die Integrität und Sicherheit der Datenbasis für alle Benutzer gewährleistet sein. „To be regarded as strategic, OLAP tools must provide concurrent access (retrieval and update), integrity, and security." ([CODD93] S. 15)

i) Unbeschränkte, kreuzdimensionale Operationen

Bei OLAP können dimensionsübergreifende Analysen erforderlich sein. Beziehungen zwischen den Zellen verschiedener Dimensionen soll die OLAP-Software erkennen und selbständig Berechnungen und Verdichtungen vornehmen. „Accordingly, the tool itself should infer the associated calculations and not require the user-analyst to explicitly define these inherent calculations." ([CODD93] S. 15) Damit der Benutzer in manchen Fällen spezielle Berechnungen auch selbst vornehmen kann, soll das OLAP-System auch über die Funktionalität verfügen, daß der Benutzer seine gewünschte Formel in die Zelle eintragen kann.

j) Intuitive Datenmanipulation

Bei Konsolidierungen, Verdichtungen oder anderen Manipulationen an der OLAP-Datenbasis sollte ein direkter Zugriff auf die zu untersuchenden Elemente intuitiv möglich sein. „Consolidation path re-orientation, drilling down across columns or rows, zooming out, and other manipulation inherent in the consolidation path outlines should be accomplished via direct action upon the cells of the analytical model, and should neither require the use of a menu nor multiple trips across the user interface." ([CODD93] S. 17) Der Anwender sollte also ohne großen Einarbeitungsaufwand auf eine intuitiv zu bedienende Benutzeroberfläche zugreifen können.

k) Flexibles Berichtswesen

Die Daten aus den mehrdimensionalen Modellen sollen möglichst flexibel und leicht in Form von Berichten und Grafiken dargestellt werden können. Es sollten zum einen mehrere vordefinierte Standardberichte abgerufen werden können, zum anderen muß der Benutzer auch in der Lage sein, selbst individuell Berichte und Grafiken in Form von Ad-hoc-Abfragen zu erzeugen. Außerdem sollten die Ergebnisse an eine entsprechende Front-End Software übertragen werden können.

l) Unbegrenzte Dimensions- und Aggregationsstufen

Codd fordert eine unbegrenzte Anzahl an Dimensionen und Aggregationsstufen. Aus betriebswirtschaftlicher Sicht ist dies jedoch kaum nötig. Für die realitätsgetreue Abbildung betrieblicher Sachverhalte kann die Forderung nach unbegrenzter Anzahl an Dimensionen auf 15 – 20 Dimensionen begrenzt werden. „Thus the strong recommendation that any serious OLAP tool should be able to accommodate at least fifteen and preferably twenty data dimensions within a common analytical model." ([CODD93] S. 17)

6 Multidimensionale Datenmodellierung

Ein Datenmodell soll einen Realitätsausschnitt beschreiben, der in einer Datenbank dargestellt wird. „Unter einem Datenmodell wird ein strukturiertes Abbild der Daten eines fest abgegrenzten Teils der wahrgenommenen Realität, die für eine bestimmte Anwendung bzw. für bestimmte Anwender relevant sind, einschließlich der zwischen ihnen bestehenden Beziehungen verstanden." ([TOTO98] S. 14) Bei der Datenmodellierung ist das Entity-Relationship-Modell (ER-Modell) weit verbreitet. Das Modell beruht auf der Beschreibung der Daten in Form von Klassen (Entitäten) sowie deren Beziehungen (Relationen) miteinander. Die Informationen sind auf einer Vielzahl von Tabellen, die miteinander verbunden sind, aufgeteilt.

Für die multidimensionale Modellierung ist das ER-Modell nicht ganz geeignet. „Grundsätzlich müssen Datenmodelle, die für eine OLAP-Anwendung entworfen werden, anderen Maßstäben genügen als herkömmliche Datenmodelle." ([MART98], S. 160) Bei der Verwendung des ER-Modells zur multidimensionalen Modellierung kann es zum Beispiel Schwierigkeiten bei der Abbildung von Dimensionshierarchien, von datenstrukturinhärenten Regeln oder auswertungsbezogenen Funktionen und Sichten geben. (vgl. [TOTO98] S. 16) Aus diesen Gründen gibt es Autoren, die das ER-Modell um neue Konstrukte erweitert haben. Als Beispiel läßt sich hier das multidimensionale Entity-Relationship-Modell (ME/RM) nennen. Diese Modellierungstechnik erweitert das ER-Modell um die Notationselemente *Faktenrelation, Dimensionsebene* und *hierarchische Beziehung.*

Multidimensionale Datenmodelle sollen also die Daten möglichst so abbilden, wie sie auch in der Realität von den Benutzern gesehen werden. (vgl. [TOTO98] S. 9) Daher gibt es, vor allem bei der Verwendung relationaler Datenbanken, Modellierungstechniken, die den speziellen Anforderungen gerecht werden.

6.1 Modellierungsebenen

Die Phasen der Datenmodellierung lassen sich in drei Ebenen unterscheiden (Abbildung 6-1). Die semantische Ebene ist unabhängig von einem konkreten Datenbanksystem und beschreibt den Realitätsausschnitt präzise und weitgehend frei von technischen Details. „Semantische Datenmodelle erlauben, die relevanten Sachverhalte der realen Welt ohne Informationsverlust abzubilden." ([TOTO98] S. 15)

Aus dem semantischen Datenmodell läßt sich das logische Datenmodell ableiten indem die semantischen Begriffe so umformuliert sind, daß sie „formalen, logischen Anforderungen von konkreten Datenmodellen bzw. Datenbanksystemen genügen." ([TOTO98] S. 15) Das semantische Modell bildet zusammen mit dem logischen Modell das konzeptionelle Schema, welches den Realitätsausschnitt anhand von diskreten Objekten und Beziehungen zwischen ihnen beschreibt. „Das konzeptionelle Modell dient zur Begriffserklärung, zur Informationsbedarfsanalyse, zur Dokumentation und zur Datendefinition." ([TOTO98] S. 27) Das physische Datenmodell beschreibt die Umsetzung bzw. Implementierung des konzeptionellen Schemas im Hinblick auf das spezielle physikalische Datenbanksystem.

In Abbildung 6-1 ist als Beispielnotation für die semantische Ebene das ER-Modell und für die logische Ebene das Star-Schema abgebildet. Im folgenden soll nun näher auf multidimensionale Modellierungstechniken eingegangen werden.

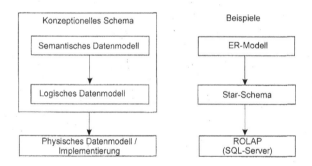

Abbildung 6-1: Modellierungsebenen

6.2 Stern Schema (Star Schema)

Das Stern Schema ist eine Modellierungstechnik die es ermöglicht, eine multidimensionale Sicht auf die Daten einer relationalen Datenbank zu erhalten. Der Name Stern Schema kommt daher, da sich bei der grafischen Darstellung des Schemas ein sternförmiges Modell ergibt (Abbildung 6-2). Bei dem Schema werden die Daten in zwei Gruppen von Tabellen, den *Faktentabellen* und den *Dimensionstabellen*, eingeteilt. Dabei sind mindestens eine Faktentabelle und eine Dimensionstabelle erforderlich. Die Faktentabellen enthalten diejenigen Daten (zum Beispiel Umsatzzahlen, Verkaufszahlen), die analysiert werden sollen (siehe auch Kapitel 5.3.3). Eine Faktentabelle wird auch als *Haupttabelle* (major table) bezeichnet, da sie bei der grafischen Darstellung des Schemas im Mittelpunkt steht und eine Vielzahl Zeilen enthält.

Die Dimensionstabellen enthalten Daten, nach denen die Faktentabellen analysiert werden sollen (siehe auch Kapitel 5.3.3). Sie stellen also die Attribute der Faktdaten dar und werden auch als *Nebentabellen* (minor tables) bezeichnet. „Dimensionstabellen sind somit ‚Beschreibungsklassen' für die Fakten." ([BREI96] S. 16)

Wie beim relationalen Datenbankmodell besitzt jede Tabelle einen *Primärschlüssel,* der aus einer oder mehreren Spalten besteht und mit dem sich jede Zeile eindeutig identifizieren läßt. Die Faktentabelle beinhaltet Spalten, deren Werte zugleich Primärschlüssel in der Dimensionstabelle sind. Diese Werte heißen *Fremdschlüssel.* Die folgende Abbildung zeigt ein Beispiel für ein Stern Schema, in dem die Primär- und Fremdschlüssel ersichtlich sind.

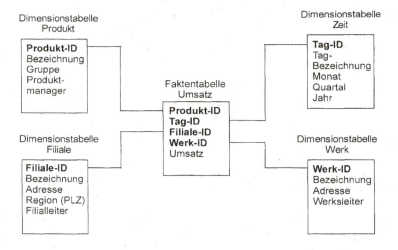

Abbildung 6-2: Stern Schema

In der Abbildung 6-2 wird der Primärschlüssel der Faktentabelle *Umsatz* durch die Spalten *Produkt-ID, Tag-ID, Filial-ID* und *Werk-ID,* gebildet. Diese Spalten stellen Fremdschlüsselspalten dar, da sie in den entsprechenden Dimensionstabellen als Primärschlüssel dienen. Die Faktentabelle und die Dimensionstabellen stehen in einer n : 1 Beziehung, daß heißt, das Werte, die in der Faktentabelle mehrfach auftreten können, in der zugehörigen Dimensionstabelle genau einmal vorkommen. In der Dimensionstabelle werden die Spalten, die keine Schlüssel sind, als *Dimensionsattribute* bezeichnet. Mit Dimensionsattributen ist es möglich, Werte der einzelnen

Dimensionstabellen auf einer höheren Ebene zusammenzufassen oder einzelne Dimensionen näher zu beschreiben.

Die Faktentabelle eines Stern Schemas ist immer normalisiert. Dagegen sind die Dimensionstabellen des Schemas in der Regel komplett denormalisiert, da zwischen den Dimensionsattributen Abhängigkeiten bestehen.

Das Sternschema bietet einige Vorteile: (vgl. [BREI96] S. 15)

- Durch die Einfachheit des Schemas kann der Entwurf leicht verändert oder erweitert werden, um ihn an der Entwicklung des Data Warehouses anzupassen.

- Eine komplexe multidimensionale Datenstruktur kann mit einem einfachen Datenmodell, daß den intuitiven Vorstellungen der Benutzer entspricht, definiert werden. Somit wird das Verständnis und die Arbeit mit der Datenbank sowohl für die Anwender als auch für die Entwickler erleichtert.

- Innerhalb einer Dimension können hierarchische Beziehungen leicht dargestellt werden.

- Eine entsprechend dem Stern Schema entworfene Datenbank bietet eine gute Performance, da die Anzahl der physischen Verbindungen, die von einer Abfrage verarbeitet werden müssen, reduziert sind.

6.3 Viel-Stern Schema

Das Stern Schema kann in ein *einfaches Stern Schema* und in ein *Viel-Stern Schema* unterschieden werden. Beim einfachen Stern Schema ist der Primärschlüssel der Faktentabelle ausschließlich aus einem oder mehreren Fremdschlüsseln zusammengesetzt. Nun kann es aber vorkommen, daß für die Bildung des Primärschlüssels der Faktentabelle die Fremdschlüssel nicht ausreichen. Für diesen Fall gibt es das Viel-Stern Schema. Beim Viel-Stern Schema besteht der Primärschlüssel nicht nur aus Fremdschlüsseln sondern auch aus anderen Werten. Es kann auch vorkommen, daß kein einziger Fremdschlüssel Teil des Primärschlüssels ist.

Ein Beispiel für das Viel-Stern Schema ist in Abbildung 6-3 gezeigt. In dem Beispiel mußte diese Art des Schemas gewählt werden, da für eine eindeutige Identifizierung einer Zeile in der Faktentabelle die Fremdschlüssel *ArtikelNr* und *LadenNr* nicht ausreichen. Somit wurde als Primärschlüssel in der Faktentabelle die Felder *RechnungsNr* und *RechnungsZeile* gewählt. Mit diesen Schlüsseln kann eine Zeile eindeutig definiert werden. Die Fremdschlüssel *LadenNr* und *ArtikelNr* referenzieren die Dimensionstabellen *Artikel* und *Laden*.

Abbildung 6-3: Viel-Stern Schema

6.4 Galaxy Schema (Mehrfache Faktentabellen)

In der Praxis reicht eine Faktentabelle oft nicht aus, um ein mehrdimensionales Datenmodell dar-zustellen. Aus diesem Grund kann ein Star Schema mehrere Faktentabellen enthalten. Man spricht dann von einem *Galaxy Schema*. Ein Beispiel dafür zeigt die Abbildung 6-4, in der das bisherige Modell aus Abbildung 6-2 um die Faktentabelle *Kosten* erweitert worden ist. Somit sind nun auch die Kosten für ein Produkt oder einen Produktionsort erkennbar.

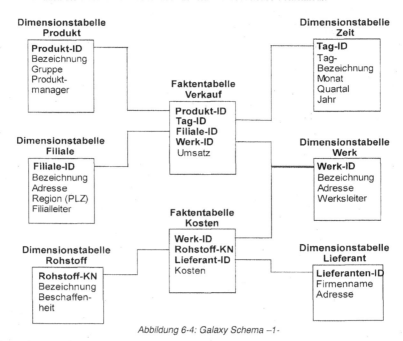

Abbildung 6-4: Galaxy Schema –1-

Ein anderer Grund für eine weitere Faktentabelle wäre, wenn Unternehmensdaten aus unterschiedlichen zeitlichen Erhebungen stammen (zum Beispiel Verkaufszahlen aus den Jahren 1997 und 1998). Hierbei werden dann zwei getrennte Faktentabellen jeweils für die Daten der Jahre 1997 und 1998 notwendig. Die Abbildung 6-5 zeigt ein Beipiel, in dem die Verkaufszahlen der Jahre 1997 und 1998 in einem Schema mit zwei Faktentabellen realisiert sind.

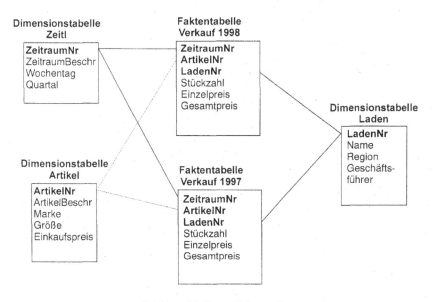

Abbildung 6-5: Galaxy Schema –2-

Auch um die Leistung eines Systems zu verbessern, können mehrere Faktentabellen in einem Schema verwendet werden. So können in mehreren Faktentabellen einzelne Werte unterschiedlich stark zusammengefaßt sein. Zum Beispiel besteht die Möglichkeit, die wöchentlichen, monatlichen und jährlichen Umsätze in getrennten Faktentabellen zu realisieren.

6.5 Snowflake Schema

Das Star Schema benötigt mit den denormalisierten Tabellen viel Speicherplatz, wodurch auch die Performance beeinträchtigt wird. Das Snowflake Schema ist eine Variation des Stern Schemas, in dem Dimensionstabellen normalisiert vorliegen. Die Faktentabellen bleiben unverändert. Durch die Normalisierung kann die Datenredundanz in den Dimensionstabellen vermieden und ein besseres Antwortzeitverhalten gegenüber dem Stern Schema erreicht werden. Eine Snowflake-Struktur ist bei Dimensionen sinnvoll, die: (vgl. [INFO97] S. 15)

- Sehr viele Zeilen enthalten (Größenordnung von zehn- oder hunderttausend)
- Sehr viele Attribute in niedrigen Ebenen der Dimensionshierarchie enthalten, besonders wenn Festplattenspeicher ein kritisches Thema ist.

Das Snowflake Schema ist aufgrund der normalisierten Tabellen schwieriger zu verstehen. Außerdem schränkt die Komplexität die Navigation durch die Tabelle ein. „Es empfiehlt sich daher in vielen Fällen, nur eine oder zwei Dimensionen zu normalisieren und die übrigen Dimensionen im einfachen Star Schema zu belassen." ([INFO97] S. 15) In der Abbildung 6-6 ist die Normalisierung der Dimensionstabellen *Zeit* und *Filiale* aus dem Beispiel der Abbildung 6-2 vorgenommen worden.

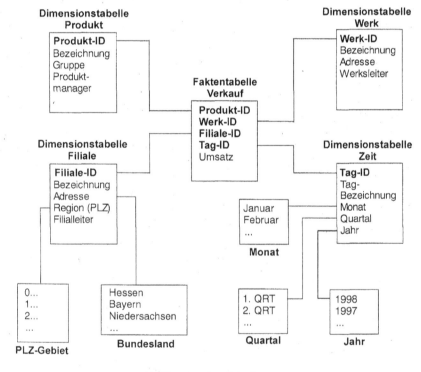

Abbildung 6-6: Snowflake Schema

6.6 Application Design for Analytical Processing Technologies (ADAPT)

Application Design for Analytical Processing Technologies (ADAPT) ist eine von Dan Bulos entwickelte grafische Modellierungsnotation für multidimensionale Datenmodelle. Die Methode wurde erstmals 1996 in dem Magazin *Database Programming & Design (6/1996)* vorgestellt. ADAPT enthält sowohl semantische als auch logische Aspekte und ist daher als konzeptionelle Notation einzuordnen. (vgl. [TOTO98] S. 19) Für die Modellierung werden unterschiedliche Symbole verwendet, die sich in *Kernelemente, Dimensionstypen, Dimensionselemente* und *weitere Elemente* unterteilen lassen.

Abbildung 6-7 zeigt ein Beispiel für ein einfaches ADAPT-Modell. In dem Beispiel ist die relevante Kennzahl (Fact) *Umsatz* und die Dimensionen *Zeit* und *Kunde* dargestellt. In einem ADAPT-Schema können auch Dimensionshierarchien abgebildet werden und einzelne Dimensionen nach unterschiedlichen Typen unterteilt werden. Dabei ist durch die in der Abbildung verwendeten Symbole die Art der Dimension und Dimensionselemente erkennbar. In dem Beispiel sieht man die *aggregierende Dimension* Kunde, welche sich in die Hierarchiestufen *Gesamt, Land* und *Ort* einteilt. Die Zeit wird als *sequentielle Dimension* dargestellt und setzt sich aus den Stufen *Jahr, Quartal* und *Monat* zusammen. Im folgenden sollen die verschiedenen Notationselemente von ADAPT erklärt werden.

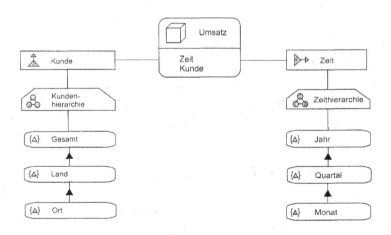

Abbildung 6-7: Beispiel ADAPT-Modell

6.6.1 Kernelemente

Abbildung 6-8 zeigt die Kernelemente von ADAPT. Dies sind der *Datenwürfel (Hypercube)*, die *Dimension*, die *Formel (Berechnungsvorschrift)* und die *Datenquelle*. (vgl. [TOTO98] S. 20-21)

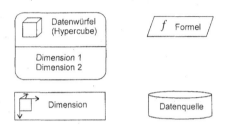

Abbildung 6-8: Kernelemente

Der *Datenwürfel* repräsentiert das zentrale Element der Notation. Der Würfel trägt eine Bezeichnung und besteht aus mehreren Dimensionen. Eine Modellierung nach ADAPT kann aus einem oder mehreren Datenwürfeln bestehen. Unter einer *Dimension* versteht man eine logische Einheit von gleichartigen Elementen. Eine Dimension definiert die möglichen Achsen in dem virtuellen Würfel. Eine *Formel (Berechnungsvorschrift)* gibt an, wie ein für Auswertungszwecke benötigtes Element berechnet wird. Ein weiteres Element ist das Symbol der *Datenquelle*, welches die Herkunft der Daten angibt.

6.6.2 Dimensionstypen

ADAPT unterteilt die Dimensionen in die Typen *aggregierende Dimension, partitionierende bzw. Szenariodimension, Kennzahlendimension (Measure Dimension), sequentielle Dimension, Eigenschaftsdimension* und *Tupeldimension*. (Abbildung 6.9, vgl. [TOTO98] S. 21-23)

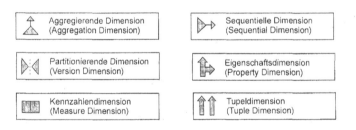

Abbildung 6-9: Dimensionstypen

Eine *aggregierende Dimension* enthält mindestens immer eine Hierarchie, in der die Konsolidierungswege dargestellt sind. Es können also mehrere Hierarchien für eine Dimension bestehen, wobei eine Hierarchie nicht für alle Dimensionselemente gelten muß. Die *partionierende* bzw. *Szenariodimension* ist eine nicht hierarchische Dimension. Mit einer Szenariodimension werden verschiedene Versionen von Daten dargestellt (zum Beispiel Istdaten und Solldaten). Somit können Vergleiche zwischen den Dimensionselementen durchgeführt werden.

Der Begriff *Measure Dimension* wird einerseits als *Kennzahlendimension* andererseits als *Maßgrößendimension* übersetzt. Im Sinne einer Dimension für Maßgrößen sollen Daten mengen- oder auch wertmäßig erfaßt werden können. Durch Bildung von *Tupeldimensionen* lassen sich Elemente aus zwei anderen Dimensionen zu einer neuen Dimension bilden. Dies ist dann sinnvoll, falls einzelne Dimensionen nur dünn besiedelt sind und sich der Würfel durch Bildung von Tupeln in einer neuen Dimension optimieren läßt.

Mit *sequentiellen Dimensionen* werden Reihenfolgebeziehungen innerhalb einer Dimensionsebene ausgedrückt. So ist beispielsweise in der Dimension *Zeit* die Reihenfolge von Jahren oder Monaten logisch vorgegeben. Um aggregierende oder sequentielle Dimensionen um Attribute, nach denen zusätzlich analysiert werden kann, zu ergänzen, gibt es als letzten Typ die *Eigenschaftsdimension.*

6.6.3 Dimensionselemente

Dimensionselemente beschreiben die einzelnen Bestandteile einer Dimension näher. Zu den Elementen zählen die *Hierarchie,* die *Hierarchieebene,* der *Dimensionswert,* die *Dimensionssicht,* das *Dimensionsattribut* und der *Ausschnitt.* (Abbildung 6-10, vgl. [TOTO98] S. 23-25)

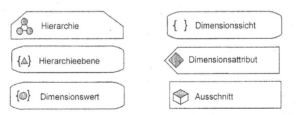

Abbildung 6-10: Dimensionselemente

Eines der wichtigsten Elemente ist die *Hierarchie.* Dabei werden mehrere untergeordnete Werte zu einem in der Hierarchie höher liegenden Wert zusammengefaßt. Eine Hierarchie ist in mehrere *Hierarchieebenen* unterteilt. Die einzelne Position eines Dimensionselementes wird durch die

Hierarchieebene beschrieben. Elemente in einer partionierenden Dimension besitzen keinen hierarchischen Zusammenhang und werden mit einem *Dimensionswert* bezeichnet. Unterschiedliche Blickwinkel auf Dimensionswerte oder Hierarchiestufen werden mit dem Notationselement *Dimensionssicht* definiert. Ein kleinerer Volumenausschnitt aus einem Datenwürfel wird mit dem Symbol *Ausschnitt* dargestellt. Ein *Dimensionsattribut* beschreibt ein ergänzendes Dimensionselement näher.

6.6.4 Weitere Elemente

Neben den bereits definierten Elementen gibt es in Zusammenhang mit ADAPT noch einige weitere, die noch kurz aufgeführt werden sollen.

Um physikalische Aspekte wie zum Beispiel der Datenherkunft darzustellen, gibt es Symbole für *Tabellenkalkulationsprogramme, relationalen Datenbankmanagementsystemen* oder für eine *interaktive Verbindung*. Das Symbol des *SQL-Durchgriffs* in einer Modellierung besagt, daß auf Daten außerhalb einer OLAP-Datenbank, wie zum Beispiel eines operativen Systems zugegriffen wird. Um auch Abhängigkeiten der Dimensionen untereinander zu definieren gibt es ein Symbol für *Dimensionsbeziehungen*. Dieses wird analog dem Beziehungstyp in ER-Modellen verwendet. Ferner gibt es noch Symbole für *Untermengen- und Teilmengenbeziehungen*, wie zum Beispiel Symbole für *UND-, ODER-* oder *Filterelemente*. Damit lassen sich Teile eines Ausschnitts definieren. Für die grafische Notation der Elemente und deren genaueren Erklärung sei auf den Bericht *Modellierung von multidimensionalen Datenstrukturen mit ADAPT* [TOTO98] der technischen Universität Braunschweig verwiesen.

7 Anforderungsanalyse für den Data Mart Vertrieb

Im folgenden Kapitel erfolgt für die Entwicklung des Data-Marts Vertrieb im WEKA-Fachverlag eine Auseinandersetzung mit dem Unternehmensbereich einschließlich der Darstellung und Bewertung der Istsituation sowie eine Beschreibung der geforderten Ziele für den Data Mart.

7.1 Darstellung der Istsituation

Die Aufgabe einer Ist-Analyse ist, den bisherigen Zustand des Problembereichs, für den ein System entwickelt werden soll, zu erheben und kritisch zu analysieren. „Die Phase *Analyse* besteht im ersten Schritt darin, in einer *Ist-Analyse* den bisherigen Zustand (Ist-Zustand) des von dem geplanten Anwendungssystem abzudeckenden Anwendungsgebiets zu erheben und ihn – vor allem in Hinblick auf Schwachstellen – zu analysieren bzw. zu bewerten." ([STAH97] S. 248) Bei der Entwicklung eines Data Warehouses bildet ein betrieblicher Funktionsbereich oder das gesamte Unternehmen den zu betrachtenden Problembereich. Da ein solcher Problembereich eine hohe Komplexität besitzt, ist eine starke Zielorientierung bei der Systemabgrenzung, -erhebung, und –beschreibung erforderlich. (vgl. [EICK96] S. 9)

In den kommenden Abschnitten wird der Unternehmensbereich Vertrieb im WEKA Fachverlag näher betrachtet. Dabei soll auf folgende Fragen eingegangen werden:

- Welche manuellen und computergestützten Auswertungen bzw. Analysen werden in dem Unternehmensbereich ermittelt ?
- Welche Datenquellen werden in welcher Form für die bestehenden Auswertungen benutzt ? (vgl. [EICK96] S. 10)

Um diese Fragen zu beantworten, wird im Rahmen der Ist-Analyse zunächst eine Tätigkeitsanalyse durchgeführt. Dabei wurde durch die Mitarbeit im Vertrieb und in Form von Befragungen der verantwortlichen Mitarbeiter geklärt, welche Analysen der Benutzer standardmäßig und mit welchen betriebswirtschaftlichen Größen vornimmt. Außerdem wurde der zeitliche Bezug der Daten ermittelt und dokumentiert. Der Zeitbezug ist ein wichtiges Auswertungskriterium, da er eine Auswertungsdimension darstellt. Im Anschluß an die Tätigkeitsanalyse wurde die Systemlandschaft untersucht, das heißt es die bestehenden Datenquellen wurden beschrieben.

7.1.1 Analysen im Vertrieb des WEKA Fachverlages

Zu den Hauptaufgaben im Vertrieb des WEKA-Fachverlages gehört es, vertriebliche Zielgruppenanalysen durchzuführen. Zum Einsatz kommen dabei verschiedene Statistiken, in denen anhand von betriebswirtschaftlichen Kennzahlen der Erfolg von bestimmten Aktionen kontrolliert werden kann. Es werden folgende Kennzahlen, sogenannte *Steuerungsgrößen im Vertrieb*, verwendet:

Auftragseingang: Anzahl der eingegangenen Aufträge bzw. Umsatz dieser Aufträge.

Remission: Rücksendung eines Grundwerkes. Der Kunde macht von seinem Rückgabe- bzw. Widerrufsrecht Gebrauch.

Remissionsquote (RMQ): Quotient aus der Anzahl der Remissionen, dividiert durch die Anzahl der Bestellungen.

Abo-Remission: Stornierung der für den Kunden ersten Aktualisierungslieferung.

Abo-Remissionsquote: Quotient aus der Anzahl der Abo-Remissionen, dividiert durch die Anzahl der Bestellungen.

Stornent: Abbesteller des Bezugs weiterer Aktualisierungslieferungen, nachdem bereits das Grundwerk und mindestens eine Aktualisierungslieferung bestellt wurde.

Stornoquote: Quotient aus der Anzahl der Stornenten, dividiert durch die Anzahl der Bestellungen.

Rücklaufquote (RLQ): Quotient aus ausgesendeten Aktionen, dividiert durch die Anzahl der Bestellungen.

Mindestrentabilitätsfaktor (MRF): Kennzahl die angibt, welcher Betrag für direkte Vertriebskosten (Adress-, Druck-, Porto-, Kuvertierkosten) pro Neukunden ausgegeben werden darf, damit nach drei Jahren ein positives Ergebnis von 10 % erzielt wird.

UK-Faktor Kennzahl zur Beurteilung des Werbeerfolgs. Der UK-Faktor ist der Quotient aus erzieltem Umsatz (Bruttoauftragseingang), dividiert durch die hierfür aufgewendeten Kosten (Werbekosten).

Umwandlungsrate Bezeichnet das Verhältnis der Anzahl von Anfragen (es werden Kataloge, weitere Informationen oder Muster angefordert) zur Zahl derer, die sich anschließend in Käufer umwandeln lassen.

Diese Kennzahlen werden in verschiedenen Analysen bestimmt und verwendet. Auf die wichtigsten soll im folgenden eingegangen werden:

1. Rückbetrachtung

Die Rückbetrachtung dient zum Zwecke der Werbeerfolgskontrolle von Vertriebsaktionen und wird wöchentlich durchgeführt. Anhand des Verhältnisses der eingegangenen Bestellungen zu den entstandenen Kosten kann geprüft werden, ob sich eine Vertriebsaktion rechnerisch getragen hat. Dabei werden immer die Vertriebsaktionen, die vor 10 Wochen durchgeführt wurden, betrachtet. Befindet man sich beispielsweise in der Kalenderwoche 12, wird in dieser Woche eine Rückbetrachtung der Vertriebsaktionen aus der Kalenderwoche 2 durchgeführt. Anhand der Rückbetrachtung kann nun in der Marketingbesprechung entschieden werden, ob die Aktion wiederholt wird oder ob Verbesserungen, zum Beispiel des Prospekts vorgenommen werden sollen. In der Rückbetrachtung werden folgende Kriterien betrachtet (Anhang A):

- Anzahl der Bestellungen
- Betrag der Auftragseingänge
- Rücklaufquote
- Remissionsquote
- Anzahl der Remissionen
- Vergleich von Plan und Istkosten
- UK-Faktor

Bei der Erstellung der Analyse kommen die Datenbanken *MSAccess* und *Phönix* (Produkt des Unternehmens *Software AG*) zum Einsatz. Die Phönix-Datenbank enthält nur die aktuellen Daten (Auftragseingänge, Kostenverbuchungen) einer Werbeaktion. Um Analysen über Zeiträume hinweg vornehmen zu können, müssen die einzelnen Werte manuell in die MSAccess-Datenbank übertragen werden. Der Ablauf gliedert sich in mehrere Schritte. Zuerst werden in der MSAccess-Datenbank die Aktionen für den entsprechenden Zeitraum selektiert. Danach werden für die relevanten Aktionen die aktuellen Daten aus der Phönix-Datenbank manuell in die MSAccess-Datenbank übertragen. In MSAccess ist es dann möglich, die aktuellen Werte zu analysieren. Bei den Werten, die von Hand übertragen werden müssen, handelt es sich um folgende Angaben:

- Anzahl der Bestellungen
- Betrag der Auftragseingänge
- Anzahl der Remissionen
- Angefallene Istkosten

- U/K-Faktor der Vorläuferaktion

2. Verlagsstatistik 1 (VST1)

Die Verlagsstatistik 1 ist eine Auftragseingangsstatistik, in welcher die vom Kunden veranlaßten Bestellungen mengen- und wertmäßig betrachtet werden. Dies geschieht für unterschiedliche Vertriebswege und verschiedene Publishing Centers. Im Anhang A ist die VST1 für das Publishing Center *Produktion* und den Vertriebsweg *Mailing* angefügt. Außerdem findet in der Auswertung ein Vergleich zwischen Plan- und Istkosten statt. Dabei stammen die Werte der Plankosten aus dem Werbeplan, die Angaben der Istkosten aus der wöchentlichen Rückbetrachtung. Die VST1 wird jeweils auf die Kalenderwoche abgegrenzt und weist zusätzlich die aufgelaufenen Werte des Geschäftsjahres aus.

Neben dem Vertrieb arbeiten folgende Abteilungen mit Auftragseingangsstatistiken:

- Geschäftsleitung
- Verlagsleitung
- Produktmanagement
- Kundenservice
- Presse
- Werbeplanung

3. Vertriebswegeübersicht

In der Vertriebswegeübersicht wird der monatliche Abverkauf der einzelnen Titel über die jeweiligen Vertriebswege betrachtet. Im Anhang A ist für den Monat Januar 1999 ein Beispiel einer Vertriebswegeübersicht dargestellt. Die Statistik dient zur Kontrolle der geplanten Abverkaufszahlen, das heißt, es wird geprüft, ob man den Zielvorgaben nachgekommen ist.

Neben den genannten Statistiken gibt es noch eine Reihe weiterer Auswertungen. Zum Beispiel:

- Stornenden- / Remittendenstatistik
- Umsatz- / Absatzstatistik
- Eigenvertriebstest (Es werden Werbeaktionen für Produkte, die es noch nicht gibt, unternommen und ausgewertet.)

7.1.2 Beschreibung des operativen Systems (Datenquelle)

Im WEKA Fachverlag wird als Entwicklungsplattform unter anderem das von der Firma *Software AG* entwickelte Datenbankmanagementsystem *ADABAS C* im Zusammenhang mit der Programmiersprache *NATURAL* eingesetzt. Die eigenentwickelte Verlagssoftware *Phönix* dient da-

bei als operatives System und somit als Datenquelle für das Data Warehouse. Zu der Produktiv-
datenbank des Phönix-Systems sind folgende Angaben vorhanden:

- Datenvolumen: 11 GByte
- Anzahl Entitäten: ca. 240
- Anzahl Adressen: ca. 535.000
- Anzahl aktive Abonnenten: ca. 107.000
- Geschäftswachstum jährlich: 60 %

Der Einsatz der operativen Datenbank läßt sich in verschiedene Aufgabenbereiche einteilen. Ein
Bereich ist die Verwaltung der Stammdaten. Dabei sind neben dem Artikel-, Kunden- und Ver-
treterstamm auch alle Vertriebsaktionen in der Datenbank abgelegt. Über umfangreiche Selekti-
onsanwendungen werden Stamm- und Bewegungsdaten nach spezifischen Kriterien ausgewertet.
Die Ergebnisse dienen als Grundlage für Statistiken der Werbeerfolgskontrolle.

Ferner dient die Datenbank der Auftragsbearbeitung. So werden neue Aufträge erfaßt, Rückstände, Fakturvorgänge und Abos bearbeitet und fehlerhafte Aufträge korrigiert. Der Begriff
Faktur wird dabei folgendermaßen unterschieden:

- Tägliche Faktur:
  - Erzeugung diverser Fakturvorgangsarten (zum Beispiel Rechnungen, Lieferscheine,
    Auftragsbestätigungen, Gutschriften)
  - Anlage von Abosätzen
  - Ermittlung von Rückständen (Bestandsüberprüfung)
  - Bearbeitung von Stornierungen
- Rückstandsfaktur
  - Auflösung der Rückstände
- Periodikafaktur
  - Erzeugung von Folgerechnungen für aktive Abos

Im Bereich Logistik werden die Bestände verwaltet. Wareneingänge/-abgänge, Umlagerungen
und Retouren werden erfaßt und verbucht. Da im Technikverlag auch SAP R/3 mit den Modulen
BC/FI/CO verwendet wird, findet ein Datenaustausch mit der Phönix Datenbank über FTP (File
Transfer Protocoll) statt. Über Schnittstellen werden Daten von Phönix an SAP R/3 übertragen.
Dabei handelt es sich um folgende Daten:

- Kundenneuanlage / -änderung
- Offene Posten (zum Beispiel Rechnungen, Gutschriften)

- Vertriebsaktionen

7.2 Bewertung der Ausgangssituation

Die unter Kapitel 7.1.1 vorgestellten Vertriebsstatistiken weisen einige Nachteile auf. So sind sämtliche Statistiken statisch und werden nur zu bestimmten Stichtagen erstellt. (zum Beispiel wöchentlich, monatlich). Als Folge davon ist eine unzureichende Verfügbarkeit von neuen Auswertungen sowie eine geringe Flexibilität in den Statistiken erkennbar.

Bei der Erstellung der Analysen werden die Produkte *Microsoft Access* und *Microsoft Excel* verwendet. Die benötigten Daten werden dabei manuell aus ausgedruckten Listen, die vom Rechenzentrum angeliefert werden, in die Microsoft-Produkte übertragen. Dieses Vorgehen stellt einen hohen manuellen Aufwand dar. Außerdem läßt sich ein gewisser Prozentsatz von Fehleingaben nicht vermeiden.

Da mit Tabellenkalkulationsprogrammen nur zweidimensionale Betrachtungen stattfinden können, sind Analysen über mehrere Dimensionen nur schwer möglich. Falls beispielsweise Umsätze von Produkten in verschiedenen Regionen betrachtet werden, kann die Darstellung immer nur einen bestimmten Zeitpunkt betreffen. Um nun Umsätze zu unterschiedlichen Zeitpunkten zu betrachten, müssen neue Tabellen erstellt werden. Dies hat zur Folge, daß unter Umständen für jede spezielle Analyse eine eigene Datei existiert, wobei die Daten teilweise mehrfach gespeichert sind. Außerdem stellt das Vorgehen einen hohen Koordinationsaufwand für den Benutzer dar.

Insgesamt gesehen sind die Standardreports im Technikverlag zu inflexibel und es fehlen grundlegende Auswertungsmöglichkeiten (zum Beispiel Zeitreihenbetrachtungen, Kundenstrukturanalysen)

7.3 Ziele für das Data Warehouse

Generell sollen durch den Data-Mart Vertrieb die bestehenden Auswertungen verbessert werden (flexiblere Statistiken) sowie neue Analysen ermöglicht werden. Die im Verlag vorhandenen Informationen sollen in einer Art und Weise zusammengeführt werden, die es ermöglicht, Management und Entscheidungsträgern ein flexibles und benutzerfreundliches Instrument zur Unterstützung von Analyse, Planung und Prognose zur Verfügung zu stellen. Durch dynamische Vertriebsstatistiken soll eine schnelle Informationsgewinnung möglich sein.

Als Ergebnis wird mehr Transparenz über die Kunden und deren Bedürfnisse, eine höhere Kundenbindung, Kosteneinsparungen im Vertriebsbereich, eine höhere Planungssicherheit sowie mehr Effizienz bei Werbeaktionen angestrebt. Insbesondere steht die Optimierung der Vertriebskosten und die Reduktion von Werbedrucken im Vordergrund.

Ein Anwender des Fachbereiches Vertrieb muß Daten in unterschiedlichen Dimensionen betrachten können. Dem Anwender sollen also die OLAP-Funktionalitäten *rotation, ranging, drill down* und *roll up* ohne lange Wege innerhalb der Benutzerschnittstelle die Darstellung der Daten aus anderer Sicht erlauben.

Wo semantisch sinnvoll und technisch realisierbar soll immer die Sicht auf den Einzelkunden möglich sein. Auf jeder Analyse-Ebene muß es ermöglicht werden, die dahinterstehenden Kunden zu identifizieren und sich deren Basisdaten zu betrachten. Im Rahmen der eingesetzten Tools soll die freie Gestaltung der Ergebnisse für die spätere Ausgabe möglich sein. Darüber hinaus müssen Exportfunktionen zur Weiterverarbeitung in den Microsoft-Applikationen Excel und Access vorhanden sein.

Als Minimalanforderung werden in einem ersten Schritt die derzeit bekannten Vertriebsstatistiken tagesaktuell, flexibel gestaltbar in verbesserter Form mit online Abfragemöglichkeiten angestrebt. In einer weiteren Phase muß das System den Bedürfnissen des Vertriebs entsprechend beliebig erweiterbar sein. In einer späteren Ausbaustufe sollen auch andere Unternehmensbereiche ihren Informationsbedarf über das System decken oder ergänzen können.

8 Datenmodellierung für den Data Mart Vertrieb

8.1 Konzeptionelle Modellierung mit ADAPT

Im folgenden soll nun mit der Methode ADAPT ein konzeptionelles Datenmodell für den Data Mart Vertrieb entworfen werden. Ein Datenmodell dient oft als Diskussionsgrundlage zwischen Entwicklern und Anwendern. Das konzeptionelle ADAPT-Modell sollte daher folgende Fragen beantworten:

- Welche Kennzahlen (Fakten) sind vorhanden ?
- Über welche Dimensionen sind Auswertungen sinnvoll ?
- Um welche Art von Dimension handelt es sich (hierarchisch, nicht-hierarchisch) ?
- Wie lassen sich die Dimensionen verdichten ?
- Welche Dimensionsattribute werden benötigt ?
- Bestehen Beziehungen zwischen Dimensionen und Fakten ?
- Gibt es verschiedene Versionen einer Kennzahl (Soll-Ist) ?

8.1.1 Bestimmung aller benötigten Kennzahlen

Die benötigten Kennzahlen (Fakten) mit denen gearbeitet wird, sind in Abklärung mit den Fachabteilungen festgelegt worden. Dabei wurden folgende Kennzahlen identifiziert:

- *Periodikabestand*
- *Periodikabewegung*
- *Remissionsquoten*
- *Abverkäufe*
- *Umsätze*

Unter den einzelnen Facts sind mehrere Kennzahlen zusammengefaßt. Diese werden im folgenden angeführt:

Periodikabestand:	Anzahl unterschiedlicher Ansprechpartner
	Anzahl unterschiedlicher Firmen
	Bestände an Abos
	Durchschnittlicher Bestand
	Durchschnittliche Zugangsmenge
	Durchschnittliche Abgangsmenge
	Zugangsmenge / durchschnittlichen Bestand
	Abgangsmenge / durchschnittlichen Bestand
	Durchschnittliche Verweildauer

Periodikabewegung:	Zugang Stornos Stornobasis Stornoquote Aboremissionen
Remissionsquoten:	Abverkäufe Remissionen Remissionsquoten
Abverkäufe:	Abverkäufe gesamt Wert Abverkäufe real Wert Abverkäufe Gutschrift Wert Abverkäufe Auftragsstorno Wert Abverkäufe gesamt Stück Abverkäufe real Stück Abverkäufe Gutschrift Stück Abverkäufe Auftragsstorno Stück
Umsätze:	Umsätze gesamt Wert Umsätze real Wert Umsätze Gutschrift Wert Umsätze gesamt Stück Umsätze real Stück Umsätze Gutschrift Stück Versandgebühr gesamt Wert Versandgebühr real Wert Versandgebühr Gutschrift Wert

Die Kennzahlen *Abverkäufe real* und *Umsätze real* werden nach folgenden Formeln berechnet:

Abverkäufe real = *Abverkäufe gesamt – Gutschriften – Auftragsstornos*

Umsätze real = *Absatz/Umsatz gesamt - Gutschriften*

8.1.2 Dimensionierung der Kennzahlen

Die festgelegten Kennzahlen sollten aus Gründen der Flexibilität nach möglichst vielen Dimensionen auswertbar sein. Jedoch steigen mit der Dimensionsanzahl auch die Hardwareanforderungen des benötigten Systems. Daher sollte man sich für den Dimensionsbedarf auf einen Kompromiß einigen. (vgl. [TOTO98] S. 29) Für die Auswertungen der Kennzahlen sind nun folgende Dimensionen festgelegt worden:

- *Zeit*
- *Artikel*
- *Kunde*
- *Vertriebsaktion*

- *Vertriebsweg*

- *Stornoart*

- *Auftragsart*

Die Dimension *Zeit* (Abbildung 8-1) ist eine sequentielle Dimension, da die einzelnen Elemente jeder Dimensionsebene eine feste logische Ordnung aufweisen. So ist zum Beispiel in der Dimensionsebene *Jahr* die Reihenfolge (Januar, Februar, März, ...) fest vorgegeben. Gleichzeitig besitzt die Zeitdimension aber auch eine vertikale hierarchische Struktur. Für den Data Mart Vertrieb wird eine Aggregation von Tagen zu Monaten, Monaten zu Quartalen und Quartalen zu Jahren benötigt. Es ist also möglich eine Kennzahl des Vertriebs bis auf die Hierarchieebene *Tag* zu betrachten.

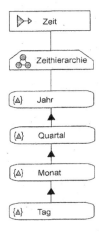

Abbildung 8-1: Dimension Zeit

Die Dimensionen *Artikel, Kunde* und *Vertriebsaktion* besitzen eine hierarchische Struktur (Abbildung 8-2). Da keine Reihenfolgebeziehungen in den einzelnen Dimensionsebenen vorliegen, werden diese Dimensionen vom Typ *aggregierende Dimension* dargestellt. Bei der Modellierung sind die einzelnen Hierarchieebenen nicht der Dimension angegliedert, sondern der Hierarchie zugeordnet. So ist zum Beispiel in der Dimension *Artikel* die Hierarchieebene *Gesamt* der Hierarchie *Artikelhierarchie* zugeordnet. Diese Vorschrift ist wichtig, falls mehrere Hierarchien für eine Dimension bestehen oder eine Hierarchie nicht für alle Dimensionselemente gilt. (vgl. [TOTO98] S. 21)

Die *Artikelhierarchie* besitzt die Hierarchiestufen *Gesamt, Verlag, Profitcenter, Profitcentersegment* und *Einzelartikel*. Es werden also Zusammenfassungen hinsichtlich der Vertriebssegmente bis zum einzelnen Artikel vorgenommen. Die Dimension *Kunde* läßt sich über die *Kundenhierarchie* in die Hierarchieebenen *Gesamt, Firma, Ansprechpartner* und *Auftragsposition* einteilen. Als letzte hierarchische Dimension gibt es die *Vertriebsaktionsdimension*. Über die *Vertriebsaktionshierarchie* lassen sich einzelne *Vertriebsaktionen* zur Hierarchiestufe *Gesamt* verdichten.

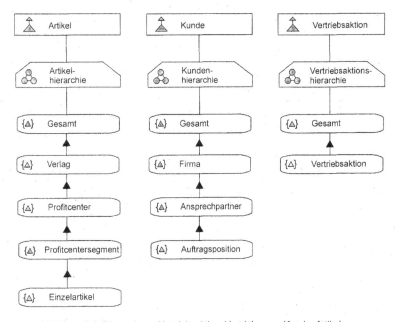

Abbildung 8-2: Dimensionen Vertriebsaktion, Vertriebsweg, Kunde, Artikel

Abbildung 8-3 zeigt die *Szenariodimension*. Diese nicht-hierarchische Dimension enthält Dimensionselemente, zwischen denen Vergleiche vorgenommen werden können. Für den Data Mart Vertrieb werden sowohl Ist- als auch Planwerte benötigt. Um auch Angaben zu den Abweichungen zwischen Ist- und Planwerten zu erhalten, wird die dafür notwendige Berechnung mit dem Element *Formel* angegeben. Neben den Abweichungen zwischen Plan- und Istwerten sollen auch Vergleiche innerhalb des Vertriebsweges (Direktmailing, Beilagen, Telefonmarketing, etc.), der Stornoart und der Auftragsart möglich sein. Deshalb werden in die Szenariodimension die zusätzlichen Dimensionselemente *Vertriebsweg, Stornoart* und *Auftragsart* aufgenommen.

Abbildung 8-3: Szenariodimension

8.1.3 Generierung des Datenwürfels

Nachdem die benötigten Kennzahlen und Dimensionen bestimmt worden sind, kann nun ein anschauliches Gesamtbild modelliert werden (Abbildung 8-4). Dabei werden den Kennzahlen diejenigen Dimensionen zugeordnet, über die sie analysiert werden sollen. Der mittig angeordnete Datenwürfel enthält die jeweilige Kennzahl und zeigt auf, über welche Dimensionen sie analysiert werden kann. Für jede Kennzahl wird also ein separater Datenwürfel generiert. Falls die Facts aber gleich dimensioniert sind, besteht die Möglichkeit, sie in einem gemeinsamen Würfel zu modellieren. In so einem Fall muß aber eine Kennzahlendimension vereinbart werden, in der die notwendigen Kennzahlen die Dimensionselemente sind. Dadurch wird es möglich, alle Kennzahlen und Dimensionen in einer Sicht darzustellen. (vgl. [TOTO98] S. 20 u. 30)

Im Data Mart Vertrieb besitzen alle Kennzahlen die gleiche Dimensionierung. Somit wurde in der graphischen Notation, als Bezeichnung für den Datenwürfel, der Begriff Vertriebsdaten gewählt. Die vorhandenen Kennzahlen sind in der Kennzahlendimension zusammengefaßt.

Insgesamt lassen sich aus dem Modell grundlegende Informationen entnehmen. Durch die Angabe der Kennzahlen und der beteiligten Dimensionen werden multidimensionale betriebswirtschaftliche Zusammenhänge abgebildet. Auf Grund der großen Anzahl unterschiedlicher Elemente für die graphische Modellierung ist eine gute Strukturierung der Dimensionen möglich. Neben hierarchischen Dimensionen können auch nichthierarchische Dimensionen dargestellt werden. Es lassen sich Dimensionshierarchien festlegen, deren einzelne Hierarchiestufen ersichtlich sind. Dabei können auch mehrfache Hierarchien in einer Dimension dargestellt werden. Durch die Abbildung des Realproblems, als auch von Implementierungsaspekten, kann das Modell als Grundlage für Gespräche von Mitarbeitern der Fachabteilungen und Entwicklern genutzt werden.

Neben den positiven Eigenschaften der ADAPT-Methode läßt sich auch an zwei Punkten Kritik üben: Aufgrund der vielen Notationselemente wird für das Gelingen einer Modellierung eine intensive Einarbeitungszeit vorausgesetzt. (vgl. [TOTO98] S. 45) Außerdem ist durch die Vielzahl von Symbolen die Anwendung nicht immer eindeutig definiert.

Nach Totok A. und Jaworski R. ist ein weiterer Kritikpunkt, daß verschiedene Modellierungsebenen (semantische, logische und physikalische Ebene) in einer Ansicht miteinander vermengt werden. „Eine wie für die Modellierung von konzeptionellen Schemata geforderte Abstraktion wie zum Beispiel von Benutzersichten oder der physischen Organisation findet nicht statt, sondern diese Aspekte werden im Gegenteil sogar integriert." ([TOTO98] S. 45)

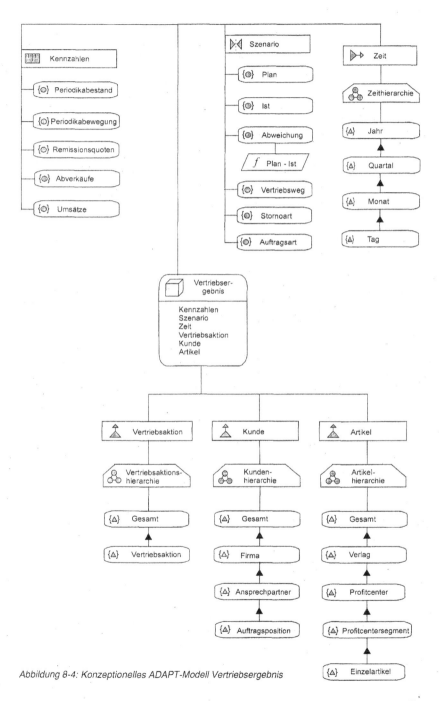

Abbildung 8-4: Konzeptionelles ADAPT-Modell Vertriebsergebnis

8.2 Verfeinerung der Dimensionshierarchien

In dem vorangegangenen Kapitel 6.5 wurde beschrieben, daß bei Dimensionen mit sehr vielen Dimensionsattributen eine Normalisierung der Dimensionstabelle sinnvoll ist. Eine Abfrage in einer denormalisierten Tabelle ist zwar günstiger, da eine Verbindung zu zusätzlichen Tabellen mit den entsprechenden Attributen nicht notwendig ist, jedoch erhöht sich durch die vorhandenen Redundanz der Daten der Speicherplatzverbrauch. Im folgenden werden die hierarchischen Dimension *Kunde*, *Artikel* und *Vertriebsaktion*, welche recht viele Einträge besitzen, teilweise denormalisiert und es werden zu den einzelnen Dimensionen die zugehörigen Attribute dargestellt. (Abbildung 8-5, Abbildung 8-6, Abbildung 8-7)

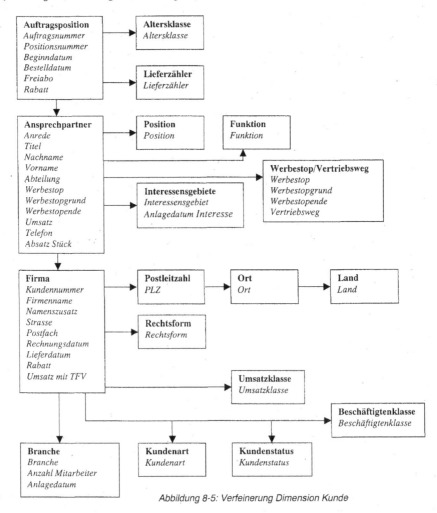

Abbildung 8-5: Verfeinerung Dimension Kunde

75

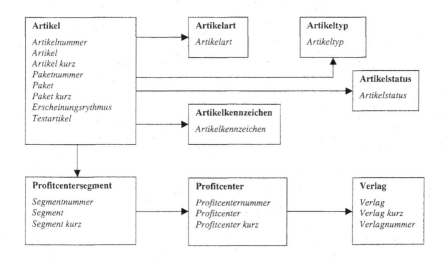

Abbildung 8-6: Verfeinerung Dimension Artikel

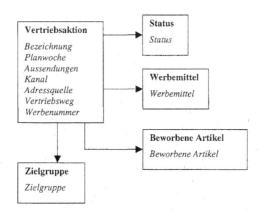

Abbildung 8-7: Verfeinerung Dimension Vertriebsaktion

8.3 Logische Modellierung mit dem Stern Schema

Aus dem konzeptionellen Modell wird nun ein logisches Modell abgeleitet indem die Fakten- und Dimensionstabellen gebildet und gemäß dem *Star Schema* angeordnet werden. Die Faktentabellen erhält man aus der Kennzahlendimension des ADAPT-Modells. Die Dimensionstabellen werden aus den Attributen der Dimensionshierarchien des ADAPT-Modells bzw. aus deren vorgestellten Verfeinerungen hergeleitet. Dabei wird für jede Dimensionstabelle ein Primärschlüssel definiert. Der Primärschlüssel der Faktentabelle ist, wie bereits erwähnt, ein zusammengesetzter Schlüssel aus den Primärschlüsseln der Dimensionstabellen. In der Abbildung 8-8 ist das Stern Schema für die Faktentabelle *Umsatz* mit den zugehörigen Dimensionstabellen *Artikel, Kunde, Vertriebsweg, Vertriebsaktion, Stornoart, Zeit* und *Auslagerung* dargestellt.

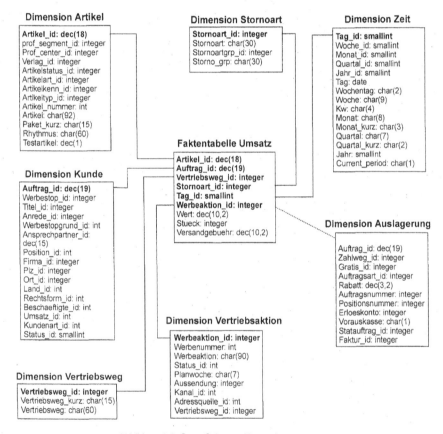

Abbildung 8-8: Stern Schema „Umsatz"

Die Dimension *Auslagerung* wurde für Attribute geschaffen, die keiner bisher definierten Dimension zugeordnet werden können, jedoch für die Auswertung der Kennzahl *Umsatz* notwendig sind. Im Diagramm sind die Schlüssel der einzelnen Tabellen durch Fettschrift hervorgehoben. Außerdem sind die Formate und Strukturen der Datenfelder ersichtlich. Im Anhang B sind die logischen Modelle für die Kennzahlen *Abverkäufe, Remissionsquoten Periodikabestand,* und *Periodikabewegung* hinzugefügt.

9 Datenauswertung und –präsentation

Für Entscheidungsträger sind die vorhandenen Analysemöglichkeiten einer OLAP-Umgebung maßgebend. Um Auswertungen vorzunehmen wird mit einem sogenannten *Frontend* auf einen OLAP-Server zugegriffen. Ein OLAP-Frontend ähnelt den klassischen Tabellenkalkulationsprogrammen, da die Daten des OLAP-Würfels in der Regel auch in Form von Zeilen und Spalten dargestellt werden. Bei einem OLAP-Frontend wird jedoch der Anwender durch eine intuitive Bedienoberfläche unterstützt. „Vom Funktionsumfang ähneln OLAP-Programme Tabellenkalkulationen, bieten aber intuitive Möglichkeiten, durch die Daten zu navigieren." ([BAGE97] S. 288) Im nachfolgenden soll auf einige Auswahlkriterien für Frontends eingegangen werden.

9.1 Auswahlkriterien für ein Frontend

Für den Benutzer hat die Leistungsfähigkeit und Ergonomie des Frontends große Bedeutung. Die Vorteile des multidimensionalen Ansatzes können nur bei effizienten Zugriffsmöglichkeiten genutzt werden. Daneben wirkt sich auch eine leicht und intuitiv bedienbare Benutzeroberfläche auf die Akzeptanz der Benutzer aus. Unter einer intuitiven Bedienung versteht man, daß der Anwender seine Daten mit wenigen Mausklicks und Mausbewegungen verändern und anordnen kann. So können beispielsweise die Bezugsgrößen der Analysen (rotation, ranging) oder der Detaillierungsgrad der Daten (drill down, roll up) leicht verändert werden. (vgl. [BAGE97] S. 288)

Neben einer leichten Navigation im Datenbestand ist der Einsatzbereich des Frontends und die Qualifikation der Endanwender bei der Wahl des Produktes zu berücksichtigen. Ein Anwender, der den vollen Umfang der analytischen Möglichkeiten ausnutzen möchte, benötigt einen höheren Einarbeitungsaufwand als ein Benutzer, der hauptsächlich vorgefertigte Analysen und Standardreports abruft. Ein Frontend sollte daher über ein Benutzerinterface an die Bedürfnisse der Benutzer angepaßt werden können.

Ein weiteres Entscheidungskriterium für die Auswahl eines Frontends ist, daß das Frontend auf unterschiedlichen Softwareplattformen eingesetzt werden kann. Dieses Kriterium ist vor allem für Unternehmen maßgebend, die ein heterogenes Systemumfeld besitzen. Für den Einsatz ist auch die Auswertungsfunktionalität des Frontends maßgebend. Ein Frontend sollte Standardfunktionalitäten wie zum Beispiel grafische Darstellungsmöglichkeiten, Reportfunktionalitäten, Aufsplittung von Tabellen in horizontale und vertikale Richtung oder Filterung der Ergebnisse bieten. Neben den genannten Kriterien sollte auch auf die Marktplazierung (Systemhaus, DB-Anbieter, ...) und Zusatzleistungen (Schulung, Wartung/Service, ...) des Anbieters sowie die Produktverfügbarkeit (Versionsstand, techn. Dokumentation, ...) des Frontends geachtet werden. Im Rahmen einer Nutzwertanalyse, die anhand eines Bewertungsschemas unterschiedliche Kriterien gewichtet, kann eine endgültige Bewertung erfolgen. (vgl. [MART98] S. 346)

9.2 Auswertungsbeispiel im Data Mart Vertrieb

Der WEKA Technikverlag setzt als Frontend das Produkt *MetaCube* der Firma *Informix* ein. Das Produkt besteht aus Komponenten von Abfrage-Tools für Endbenutzer, einer Analysis-Engine und zahlreichen Administrations-Tools. (vgl. [INFO97])

Da zum derzeitigen Projektstand die Entwicklung des Data Mart Vertrieb noch nicht abgeschlossen ist und somit noch Dateninkonsistenzen in der Datenbasis vorliegen, konnten nur wenige Analysen vorgenommen werden. Es ließ sich jedoch mit dem MetaCube-Client ein Auswertungsbeispiel in Form einer Ad-Hoc-Abfage erstellen. Das Beispiel generiert eine monatliche Statistik der Auftragseingänge. Dabei sollen die Angaben nach dem jeweiligen Artikel und dem entsprechenden Vertriebsweg aufgegliedert sein. Anhang C zeigt zum Vergleich eine Auftrags-eingangsstatistik, so wie sie bisher monatlich im Vertrieb erstellt wurde.

Im folgenden soll nun gezeigt werden, wie diese Analyse anhand des Frontends MetaCube vorgenommen werden kann. Dazu ist im Anhang C ein Ausdruck des Auswahlfensters, so wie es der Benutzer für Ad-Hoc-Abfragen vor sich hat, abgebildet. Die Kennzahlen, Dimensionen und zugehörigen Attribute sind auf der linken Seite des Bildschirmfensters aufgeführt. Man erkennt die definierten Kennzahlen *Abverkauf, Periodikabewegung, Remittent, Umsatz* und *Periodikabestand*. Außerdem sind die jeweiligen Dimensionen für die entsprechende Kennzahl ersichtlich. Im Beispiel sind das für die Kennzahl *Abverkauf* die Dimensionen *Auslagerung, Kunde, Werbung, Zeit, Verlag* und *Vertriebsweg*. (Für die in der Modellierung festgelegten Dimension *Artikel* wird hier der Begriff *Verlag* und für die Dimension *Vertriebsaktion* der Begriff *Werbung* verwendet.) In der Regel vollzieht sich eine Abfrage einer OLAP-Datenbank in der Weise, daß zuerst die betrachtenden Kennzahlen ausgewählt werden. Der Benutzer kann die gewünschten Kennzahlen auswählen indem er sie markiert und in den Bereich *Measures* ablegt. Wie man an dem Bildschirmausdruck erkennen kann, wurden folgende Kennzahlen benötigt:

- *Anzahlges* (Abverkäufe gesamt Stück)
- *Wertges* (Abverkäufe gesamt Wert)
- *Anzahlgut* (Abverkäufe Gutschrift Stück)
- *Wertgut* (Abverkäufe Gutschrift Wert)

- *Anzahlstorno* (Abverkäufe Auftragsstorno Stück)
- *Wertstorno* (Abverkäufe Auftragsstorno Wert)
- *Anzahlreal* (Abverkäufe real Stück)
- *Wertreal* (Abverkäufe real Wert)

Im nächsten Schritt werden die Elemente innerhalb der benötigten Dimension bestimmt. In dem Beispiel wurden die Szenariodimension *Vertriebsweg*, das Dimensionsattribut *Artikelnummer* (aus der Dimensionshierarchie *Artikel*) und das Dimensionsattribut *Monat* (aus der Dimensions-hierarchie *Zeit*) gewählt. Hierbei hat der Benutzer die Möglichkeit festzulegen, welche Attribute in einer Zeile bzw. in einer Spalte erscheinen sollen. In der Analyse sollen die Attribute *Artikel-nummer* und *Vertriebsweg* pro Zeile und die Monatsbezeichnung pro Spalte angezeigt werden. Im rechten unteren Bereich (unter *Example Reports*) kann man beispielhaft die künftige Erschei-nungsform des Ausdrucks erkennen. Um Analysen auf ganz bestimmte Attribute einzuschränken kann der Benutzer Filter definieren. Im abgebildeten Beispiel beschränkte man sich auf Werte des Jahres 1999. Durch die weitere Angabe *Artikel ?* im Bildschirmbereich *Filters* wird die Analyse auf nur einen bestimmten Artikel vorgenommen, dessen Artikelnummer der Benutzer bei der Generierung der Anfrage eingeben muß. Das Ergebnis dieser Ad-Hoc-Abfrage kann man in Anhang C sehen. Dabei wurde die Auftragseingangsstatistik für die Artikelnummer 3366 er-stellt. Weiterhin ist in Anhang C der für das Beispiel entsprechende SQL-Code, der automatisch durch das Frontend generiert wurde, angefügt.

Das beschriebene Auswertungsbeispiel zeigt, mit welcher trivialen Vorgehensweise eine Abfrage erstellt werden kann. Die intuitive Bedienung ermöglicht es, daß Entscheidungsträger ohne gro-ßen Einarbeitungsaufwand auf einfache Art zu den benötigten Daten finden und die Werte in flexibel gestaltbarer Form darstellen können. Durch den Einsatz von Filtern können bestimmte Attribute gezielt abgefragt werden. Im Gegensatz zu den bisherigen Auswertungen, welche zu festgelegten Zeitpunkten erstellt wurden, können nun die Statistiken zu einer beliebigen Zeit on-line durchgeführt werden. Dadurch wird der Anwender bei Planungsaufgaben oder Erfolgskon-trollen effektiv unterstützt.

Um nun detailliertere Angaben in der Statistik zu erhalten, wurde das Beispiel erweitert. Für die Auswertung wurde zusätzlich zu den bisherigen Dimensionsattributen das Dimensionsattribut *Werbenummer* (aus der Dimensionshierarchie *Vertriebsaktion*) hinzugefügt. Die benötigten Kennzahlen und festgelegten Filter blieben identisch zu dem vorigen Beispiel. Anhang C zeigt die entsprechende Bildschirmmaske und die vom Abfragegenerator erzeugten SQL-Befehle. Das Ergebnis der Abfrage ist nun dadurch erweitert, daß für einen Artikel die entsprechenden Werte der einzelnen Vertriebsaktionen angegeben sind. Der Benutzer hat also ein wesentlich detaillier-teres Bild der Statistik. Es zeigt sich, daß der Detaillierungsgrad einer Abfrage neben der Funk-tion des drill down auch durch die Zunahme weiterer Attribute, wie in dem erweiterten Beispiel gezeigt, erreicht werden kann.

10 Abschließende Betrachtung

Das Data Warehouse-Konzept ist als entscheidungsunterstützendes Informationssystem zu einem aktuellen Thema für Unternehmen geworden. Zahlreiche Veröffentlichungen spiegeln das Interesse an dem Konzept wider. So stößt man immer wieder auf Kommentare wie „Es gibt keinen Zweifel – Data Warehousing ist in aller Munde" [VOOG96] oder „Data Warehouse – die Lawine rollt." [VASK96] Für die Zukunft des Data Warehouses sprechen auch Marktforschungsergebnisse der *META Group*: „In über 90% der *Global 2000 Unternehmen* laufen Data Warehouse-Initiativen und Projekte. In über 50% dieser Unternehmen wird eine Data Warehouse-Architektur produktiv eingesetzt." ([MART98] S. 19)

Die momentane sowie wahrscheinlich auch zukünftige Aktualität des Data Warehouse-Konzepts war für mich ein wichtiger Aspekt, der für mich bei der Auswahl des Themas dieser Diplomarbeit ausschlaggebend war. Bei der Einarbeitung in das Themengebiet stellte ich fest, daß das Data Warehouse-Konzept verschiedene Fachbereiche überschneidet. Es gibt daher unterschiedliche Meinungen bezüglich neu eingeführter Begriffe sowie viele herstellerspezifische Ausführungen. Dies ist besonders im Bereich der Klasssifizierung von Informationssystemen gegeben.

Daher sollte mit dieser Arbeit zum einen ein umfassender Überblick über das Data Warehouse- und OLAP-Konzept gegeben werden. Zum anderen sollte für den Einsatz eines Data Marts der entsprechende Unternehmensbereich Vertrieb hinsichtlich den Anforderungen untersucht werden. Daraufhin sollten entsprechende Modellierungskonzepte vorgestellt sowie ein konzeptionelles Modell entwickelt werden.

Bei der Einführung eines Data Warehouses ist die Eingliederung in das Unternehmen wichtig. Dabei sind die dargestellten Vor- und Nachteile einer zentralen bzw. dezentralen Organisationsform abzuwägen. Im WEKA Technikverlag wurde die dezentrale Einführung durch den Aufbau eines Data Marts im Bereich Vertrieb realisiert. Aufgrund der Komplexität der zentralen Gestaltung bin ich der Meinung, daß der Einstieg in ein Data Warehouse über den Data Mart Vertrieb die bessere Wahl ist. Erst wenn der Data Mart Vertrieb erfolgreich eingeführt wurde, sollten andere Unternehmensbereiche einbezogen werden.

Mit dem OLAP-Konzept, also der Möglichkeit der mehrdimensionalen Analyse von Unternehmensdaten, können Anwender die vorhandenen Daten kombinieren und untersuchen. Die vielfältigen Funktionen von Auswertungswerkzeugen helfen dem Anwender effektivere Analysen vorzunehmen und zum Beispiel Trends zu erkennen. Auch im WEKA Fachverlag bieten sich, wie in dem einfachen Auswertungsbeispiel gezeigt, verbesserte und flexiblere Auswertungsmöglichkeiten.

Um OLAP-Anwendungen einzusetzen bedarf es neuer Modellierungstechniken. Es werden zum Beispiel Konstrukte benötigt, die hierarchische Strukturen in einer Dimension abbilden können. Für die konzeptionelle Modellierung wurde hierfür die Methode ADAPT vorgestellt. Die Notation ist bisher in Theorie und Praxis noch unzureichend diskutiert worden. [vgl. [TOTO98] S. 45) Wie sich jedoch in dieser Arbeit gezeigt hat, ist nach einem gewissen Einarbeitungsaufwand in die Vielzahl der Notationselemente, eine Modellierung gut durchführbar.

Für die logische Modellierung wurde das Stern Schema, die Varianten des Stern Schemas und das Snowflake Schema vorgestellt. Die Schemas sind darauf ausgerichtet, einen hohen Performance-Gewinn bei den Abfragen zu erzielen. Bei der Modellierung des Data Marts Vertrieb stellte sich heraus, daß eine Kombination von Star- und Snowflake Schema die günstigste Wahl ist. Daher wurden bei der Verfeinerung der Dimensionshierarchien nur einige bestimmte Tabellen normalisiert.

Die Durchführung des Projekts Data Mart Vertrieb übernahm die Firma *Informix*. Daher gestaltete sich die Mitarbeit bei der Entwicklung des Data Warehouses als etwas problematisch. Ferner verzögerte sich das Projekt, so daß zum derzeitigen Projektstand umfangreiche Erprobungen von Analysen im Data Mart Vertrieb nicht mehr durchgeführt werden konnten. Jedoch zeigt das im vorigen Kapitel beschriebene Auswertungsbeispiel welche Analysemöglichkeiten in Zukunft auf einfache Art und Weise für den Vertriebsbereich bereitstehen.

Abschließend möchte ich anführen, daß das Data Warehouse-Konzept ein sehr umfangreiches Themengebiet ist. Bei der Erstellung der Arbeit stieß ich auf einige für mich interessante Aspekte, die in Zukunft sicherlich genauer betrachtet werden. Gerade im Bereich der multidimensionalen Datenmodellierung gibt es noch unterschiedliche Modellierungsansätze die bezüglich ihrem Einsatz auf OLAP-Systemen untersucht werden sollten. Auch für den Data Minig-Ansatz, also dem Erkennen von versteckten Zusammenhängen in den Daten, gibt es leistungsfähige Werkzeuge die in Zukunft an Bedeutung gewinnen werden.

Glossar

Data Mart

Ein auf eine bestimmte Klasse von Geschäftsprozessen oder Problemstellungen bezogenes Data Warehouse.

Data Mining

Ein Verfahren zur Analyse sehr großer Datenbestände, die aus der unübersehbaren Fülle von Details bisher unbekannte Zusammenhänge herausfiltern.

Data Warehouse

Ein Data Warehouse ist eine integrierte, nach Sachzusammenhängen geordnete, historische und nicht (mehr) veränderliche Sammlung von Daten. Es wird aus den unterschiedlichen Datenquellen eines Unternehmens versorgt.

Frontend

Werkzeug mit mehrdimensionaler Analysefähigkeit.

MOLAP

(Multidimensional Online Analytical Processing) Spezifische Produkte für OLAP, die auf einer eigenen, proprietären mehrdimensionalen Datenbank beruhen.

OLAP

(Online Analytical Processing) Kategorie von Werkzeugen für die mehrdimensionale Analyse

OLTP

(Online Transaction Processing) Die Beschreibung für die Anforderung an ein System im operativen Einsatz.

ROLAP

(Relational Online Analytical Processing) Produkte, die eine mehrdimensionale Analyse auf einer relationalen Datenbank ermöglichen.

Literaturverzeichnis

[ALBR98]   Albrecht, J., Lehner W.: Online analytical processing in distributed Data Warehouses, Universität Erlangen-Nürnberg, 1998, URL: http://www6.informatik.uni-erlangen.de/dept/staff

[ANAH97]   Anahory, Sam: Data Warehouse: Planung, Implementierung und Administration, Bonn 1997

[BAGE97]   Bager J., Becker J., Munz R.: Zentrallager, Data Warehouse – zentrale Sammelstelle für Informationen, in: c'T Magazin für Computertechnik, Heft 3 1997, S. 284-291

[BEHM93]   Behme, Wolfgang: Führungsinformationssysteme, Wiesbaden 1993

[BOLD97]   Bold M., Hoffmann M., Scheer A.-W.: Datenmodellierung für das Data Warehouse, 1997, Bericht des Instituts für Wirtschaftsinform. der Univers. des Saarlandes URL: http://www.iwi.uni-sb.de/iwi-hefte/heft139.html

[BONT98]   Bontempo C., Zagelow G.: The IBM Data Warehouse Architecture, in: Communications of the ACM, Sept 1998 Vol.41 Nr. 9, S. 38-51

[BREI96]   Breitner, C., Herzog, U., Mülle J., Schlösser J.: Data Warehousing - Seminar im Sommersemester 1996, Fakultät für Informatik, Universität Karlsruhe,1996

[BULL94]   Bullinger, Hans Jörg: Einführung in das Technologiemanagement, Stuttgart 1994

[CODD93]   Codd, E.F.; Codd, S.B., Salley, C.T.: Providing OLAP (Online Analytical Processing) to User-Analysts: An IT Mandate, White Paper, E.F. Codd & Assoc., 1993 URL: http://www.arborsoft.com/Essbase/wht_ppr/coddTOC.html

[EICK96]   Eicker, S., Jung R., Nietsch M., Winter R.: Entwicklung eines Data Warehouse für das Produktionscontrolling: Konzepte und Erfahrungen, Institut für Wirtschaftsinformatik der Wilhelms-Universität Münster, November 1996

[FICK91]   Fickenscher, Helmut: Zielorientiertes Informationsmanagement, 2. Auflage, Braunschweig 1991

[GARD98]   Gardner, S.: Building the Data Warehouse, in: Communications of the ACM, Sept 1998 Vol.41 Nr. 9, S. 52-60

[GLAS98]   Glass K.: Seducing the End User, in: Communications of the ACM, Sept 1998 Vol.41 Nr. 9, S. 62-69

[GUEN95]   Guengerich, Steven und Schussel, Georg: Rightsizing, Informationssysteme optimal anpassen, 2. Auflage, München 1995

[HANS96]   Hansen, Robert: Wirtschaftsinformatik, 7. Auflage, Stuttgart 1996

[HEIN88]   Heinrich, Lutz: Informationsmanagement, 2. Auflage, München 1988

[HOFF84]   Hoffmann, Friedrich: Computergestützte Informationssysteme, München 1984

[INFO97]   Informix Software GmbH: Entwurf eines Data Warehouses auf relationalen Datenbanken, (ohne Verfasser), 1997, URL: http://www.informix.com

[INMO96]   Inmon, W. H.: Building the Data Warehouse, Second Edition, New York u. a., 1996

[INTE98]   Schulungsunterlagen der Integrata Training AG: Data Warehouse – Entwicklung, Einführung und Pflege, (ohne Verfasser) Tübingen 1998

[JANE97]   Janetzko, D., Steinhöfel, K.: Lotsen los! Data Mining – verborgene Zusammenhänge in Datenbanken aufspüren, in: c'T Magazin für Computertechnik Heft 3 1997, S. 294-300

[KIMB96]   Kimball Ralph: Drilling Down, Up an Across, DBMS Online 3/1996, URL: http://www.dbmsmag.com/9606d05.html

[KIMB97]   Kimball Ralph: A Dimensional Modeling Manifesto, DBMS Online 8/1997, URL: http://www.dbmsmag.com/9708d15.html

[LEHMAN]   Lehmann, P., Ellerau P.: Das Data Warehouse Projekt bei Lawson Mardon Singen URL: http://fg-db.informatik.tu-chemnitz.de/DBR/19/lehmann/INFLIS29.html

[LEHN98]   Lehner, W., Günzel, H., Albrecht J.: An Architecture for distributed OLAP, Universität Erlangen-Nürnberg, 1998, URL: http://www6.informatik.uni-erlangen.de/dept/staff/lehner.html

[MART89]   Martiny, L., Klotz, M.: Strategisches Informationsmanagement, München 1989

[MART98]   Martin, Wolfgang: Data Warehousing, Data Mining – OLAP, Bonn 1998

[MATT96]   Mattison, Rob: Data warehousing: strategies, technologies and techniques, New York 1996

[MCGU96]   McGuff, F.: Data Modeling for Data Warehouses, 1996, URL: http://members.aol.com/fmcguff/dwmodel/index.htm

[MERT98]   Mertens, H., Dr. Schinzer H.D.: Data Warehouse-, OLAP und Business Intelligence -. Werkzeuge im Vergleich – Teil II, Universität Würzburg 1998, URL: http://www.wiinf.uni-wuerzburg.de

[MICR94]   MicroStrategy, Incorporated: Relational OLAP: An Enterprise-Wide Data Delivery Architect., White Paper prepared by Micro Strategy 1994, (ohne Verfasser), URL: http://www.strategy.com/DW_Forum/WhitePapers/EnterprseWide/sec1_datadeliv.HTM

[OLAP97]   The OLAP-Council: OLAP and OLAP Server Definitions, 1997, (ohne
           Verfasser), URL: http://www.olapcouncil.org/research/glossaryly.htm

[ORR97]   Orr, Ken: Data Warehousing Technology, White Paper, Ken Orr Institute
           1996, URL: http://www.kenorrinst.com/dwpaper.html

[ROIT92]   Roithmayr, F., Heinrich, L. J.: Wirtschaftsinformatik Lexikon, 4. Auflage,
           München 1992

[SEN98]   Sen, A., Jacob, V.: Industrial Strength – Data Warehousing, in:
           Communications of the ACM, Sept 1998 Vol.41 Nr. 9, S. 29-31

[SIEM98]   Siemens Business Services Gmbh & Co OHG 1998: Dauerstreit: Data-
           Marts versus Data Warehouse, (ohne Verfasser), 20. 01.1999,
           URL: http://www.data-mart.de/presse/artikel/dm_dw.htm

[SCHEER]   IDS Scheer AG: Data Warehouse, (ohne Verfasser), URL:
           http://www.ids-scheer.de/consulting/fachzentren/dwh/dwh.html

[SCHMID]   Schmidt, Thomas: Daten- und Wissensmanagement, (Unterlagen FH
           Flensburg), URL: http://www.wi.fh-flensburg.de/wi/schmidtt/veranst/
           modul-datawarehouse.htm

[SCHN97]   Schneider, Hans-Jochen: Lexikon der Informatik und Datenverarbeitung,
           4. Auflage, München 1997

[STAH97]   Stahlknecht, Peter: Einführung in die Wirtschaftsinformatik, 8. Auflage,
           Berlin 1997

[TOTO98]   Totok, A., Jaworski, R.: Modellierung von multidimensionalen
           Datenstrukturen mit ADAPT, Universität Braunschweig 1998, URL:
           http://www.tu-bs.de/institute/wirtschaftswi/controlling/staff/atotok/
           atotok.html

[VASK96]   Vaske, Heinrich: Data Warehouse – Die Lawine rollt, in: Computerwoche,
           Juli 1996

[VOOG96]   Voogt, Ad: Gastkommentar / Data Warehouse: Die Diskussion darf nicht
           am Kunden vorbeigehen, in: Computerwoche, 29.03.1996, Nr. 13, S. 8

[WATS98]   Watson, H., Haley, B.: Magerial Considerations, in: Communications of
           the ACM, Sept 1998 Vol.41 Nr. 9, S.32-37

[WIDO95]   Widom, Jennifer: Research Problems in Data Warehousing, Department
           of Computer Science, Stanford University 1995

[ZHUG94]   Zhuge, Y., Garcia-Molina H., Hammer J., Widom J.: View Maintenance in
           a Warehousing Environment, Department of Computer Science, Stanford
           University 1995

Abbildungsverzeichnis

Anhang A

Werbeplan Rückbetrachtung   KW 50 / 98

02. Mrz. 99   Katrin Weiß

KW	WA-Nr.	Titel	Werbemittel	Zielgruppe	Adressquelle Zusatzzeile	UK Vorl.W A	Aus. Stück	Plan/ Kosten	MRF	Plan U/K	Kosten Ist	Ist AE	Best Anz.	RLQ	UK Brutto	UK Netto	RMQ in %	Sonstiges
50	373708	Betriebsleiter Bundling	• Laserbrief "Zwei Ordner" • Mailing + Beilagenprospekt "Zwei Ordner" • Bestellkarte "Zwei Ordner"	• Betriebsleiter • Personenadressen • Techn Leiter	Vogel-Adr	0,38 373430	8.489	9.160,00	0,51	0,63	8.814,00	2.458	8	0,09	0,28	0,20	25,00	Vom Lager, Umschlag: recycling-blau
50	373709	Betriebsleiter Bundling	• Laserbrief "Zwei Ordner" • Mailing + Beilagenprospekt "Zwei Ordner" • Bestellkarte "Zwei Ordner"	• 7-50 Mitarbeiter • Fertigungsleiter • Personenadressen	Vogel-Adr		6.549	7.092,00	0,51	0,63	7.000,00	1.513	5	0,08	0,22	0,22	0,00	Vom Lager, Umschlag: recycling-blau, FL und Betr.M
50	373659	Einkauf	• Mailing und Beilagenprospekt "Weltkugel"	• Einkaufsleiter • Personenadressen	G1M	0,8 373483	2.355	3.796,00	0,92	0,80	4.173,00	2.715	12	0,51	0,65	0,32	41,67	Offener Versand, NA und Lasern bei AZB, GG: 4.500
50	377103	Einkauf	• Mailing und Beilagenprospekt "Weltkugel"	• Beschaff. aktue	Konradin Verlag	0,6 377051	20.000	8.250,00	0,97	0,80	8.068,00	4.833	22	0,11	0,60	0,53	9,09	Ausgabe 12/98, ET: 10.12, AT: 23.11, Vollbeilage, Konradin Druck
50	377104	Einkauf	• Mailing und Beilagenprospekt "Weltkugel"	• Materialfluß	verlag moderne industrie	0,4 377070	14.600	7.386,00	0,97	0,80	7.551,00	2.151	9	0,06	0,28	0,14	44,44	Ausgabe "März 99", ET: 10.12, AT: 27.11, Vollbeilage, Limburger Vereinsdruckerei

KW	WA-Nr.	Titel	Werbemittel	Zielgruppe	Adressquelle Zustrzelle	UK Vorl.W A	Aus. Stück	Plan/ Kosten	MRF	Plan U/K	Kosten Ist	Ist AE	Best Anz.	RLQ	UK Brutto	UK Netto	RMQ in %	Sonstiges
50	373707	Kundendienst	• Überholspur • Mailingprospekt "Überholspur" • Bestellkarte "Überholspur"	• Kundendienstleiter • Personenadressen	Rick	0,59 373339	2.773	5.500,00	1,46	0,80	5.224,00	4.828	21	0,76	0,92	0,88	4,76	Vom Lager, NA und Lasern bei AZB
50	371106	Lagerplanung	• Beilagenprospekt "Staffellauf"	• Logistik im Untern.	VDI-Verlag GmbH	0,41 662986	12.100	8.207,00	0,86	1,00	7.176,00	2.549	11	0,09	0,35	0,32	9,09	Ausgabe 11/12-98, ET: 11.12, AT: 24.11., Vollbeilage, zu Schiffmann Großbuchbinderei
50	373705	MawiLogistik i.d. Prod.	• Mailingprospekt "Würfel" • Bestellkarte "Würfel" • Laserbrief "Würfel"	• Einkauf/MawiLog. • Personenadressen	Datadress	0,44 373379	3.157	5.180,00	0,80	0,80	5.279,00	1.502	6	0,19	0,23	0,24	16,67	Neues überarbeitetes Prospekt "Würfel", Neudruck: 30.000, Code: 30-33, 37, GG: 5.200, NA und Lasern bei AZB
50	373706	QM-Bundling	• Aufkleber "Empfohlen von TÜV Rheinland" • Laserbrief zu Seehund und Formel 1 • Mailingprospekt "Formel 1" • Bestellkarte für "Formel 1"	• Firmenadressen • ZZ-Qualitätsbeauftragter	Wer liefert Was		11.409	9.612,00	1,19	1,19	10.127,00	5.566	15	0,13	0,55	0,47	13,33	Vom Lager, Zertifizierte Unternehmen
50	373700	VVZ-Qualität (PC Prod)	• Mailing- und Beilagenprospekt "pink" • Aufkleber "Empfohlen von DEKRA + TÜV"	• Firmenadressen • ZZ-Qualitätsbeauftragter	Vogel-Adr	0,64 373606	11.296	10.546,00	1,20	1,20	10.464,00	1.864	7	0,06	0,18	0,18	28,57	Offener Versand, Direkte Automobil-Zulieferindustrie
50	373701	VVZ-Qualität (PC Prod)	• Mailing- und Beilagenprospekt "pink" • Aufkleber "Empfohlen von DEKRA + TÜV"	• Firmenadressen • Unternehmens-Berater • ZZ: Qualitätsmanagement	Schober Adr.	0,77 373489	5.991	4.470,00	1,20	1,20	4.407,00	3.150	19	0,32	0,71	0,71	21,05	Offener Versand, NA und Lasern bei AZB (373703)

EK	VW	Plan-Kosten	Umsatz_Plan	UK Plan	Kosten-Ist	AE-Ist	UK Ist	RMQ Ist %
3								
	1	60.356,00	56.277,04	0,93	60.198,00	23.874,00	0,40	19,15
	7	23.843,00	20.715,80	0,87	22.815,00	9.533,00	0,42	16,67
Summe EK 3		84.199,00	76.992,84	0,91	83.013,00	33.407,00	0,40	18,38
Gesamtsumme :		84.199,00	76.992,84	0,91	83.013,00	33.407,00	0,40	18,38

	Plan	Planwerbekosten nach Werbeplan	Abweich. ggü. Werbeplan	AE-Plan nach UKE (gesamt)	AE-Plan nach UKE Plan	AE (gesamt)	Stück UKE	Stück gesamt	AE (gesamt) (real)	AE (real)	UK-Plan (gesamt...	UK-Plan (real)...	UKE-Plan	h. UKE Plan	AE (real)	0,03 0,74	(gesamt) (real)
1	36.018	42.397	17,71	30.040	26.688	26.688	96	96	26.688	26.409	95	-0,91	-11,16	1,03	41.104	41.104	446,23
2	72.036	60.794	43,25	60.080	53.307	41.347	67	163	18.659	44.512	160	-16,50	-24,52	1,84	60.999	102.103	644,94	0,63 0,44
3	108.054	159.839	47,93	90.120	79.960	66.055	284	447	53.307	93.085	372	16,41	23,62	16,44	54.352	156.455	429,67	0,44 0,59
4	144.072	202.614	40,63	150.200	106.613	69.244	207	654	79.960	143.086	543	34,21	40,85	15,46	45.180	201.635	373,14	0,84 0,71
5	180.090	262.089	45,53	150.200	133.267	78.731	208	862	106.613	172.756	674	29,63	45,63	21,02	58.426	260.061	388,86	0,84 0,66
6	216.108	301.015	39,29	180.240	159.920	184.731	155	1.017	133.267	215.471	853	34,74	41,10	15,28	58.320	298.381	352,89	0,83 0,72
7	252.126	356.022	41,21	210.280	186.573	254.322	128	1.145	159.920	230.496	942	23,54	32,19	17,08	43.123	341.504	377,94	0,84 0,67
8	288.144	380.803	32,16	240.320	213.227	343.764	298	1.443	186.573	255.343	1.134	19,75	43,04	25,72	22.825	364.329	335,81	0,85 0,70
9	324.162	428.077	32,06	270.360	239.880	373.235	151	1.594	213.227	281.269	1.271	17,25	38,05	24,64	37.674	412.003	336,80	0,81 0,68
10	360.180	461.620	28,16	300.400	266.533	393.617	102	1.696	239.880	282.598	1.345	6,03	31,03	28,20	30.296	442.299	343,21	0,91 0,64
11	396.198	499.477	26,07	330.440	293.187	417.647	114	1.810	266.533	297.891	1.423	1,60	26,39	28,67	37.798	480.097	351,00	0,87 0,62
12	432.216	540.437	25,04	360.480	319.840	438.036	101	1.911	293.187	313.169	1.501	-2,09	21,51	28,51	42.590	522.687	360,05	0,84 0,60
13	468.234	582.464	24,40	390.520	346.493	465.636	121	2.032	319.840	315.445	1.601	-8,96	19,23	32,26	42.818	565.505	363,81	0,82 0,56
14	504.252	627.003	24,34	420.560	373.146	492.521	115	2.147	346.493	338.241	1.698	-9,35	17,11	31,32	45.753	611.258	365,26	0,81 0,56
15	540.270	656.602	21,53	450.600	399.800	492.521	101	2.248	373.146	361.476	1.787	-9,59	15,06	29,65	39.342	640.061	367,43	0,80 0,56
16	576.288	694.340	20,48	480.640	426.453	540.552	84	2.332	399.800	380.303	1.855	-10,82	12,47	30,28	39.342	679.403	374,31	0,78 0,55
17	612.306	730.057	19,23	510.680	453.106	540.552	65	2.397	426.453	390.219	1.897	-13,88	9,04	29,92	33.450	712.853	384,85	0,72 0,51
18	648.324	805.251	24,21	540.720	479.760	556.851	61	2.458	453.106	402.422	1.947	-16,12	5,76	29,63	77.330	790.183	413,59	0,71 0,51
19	684.342	854.881	25,69	570.760	506.413	571.846	105	2.563	479.760	424.471	2.035	-16,18	4,59	28,90	46.914	837.097	422,67	0,71 0,50
20	720.360	899.358	24,85	600.800	533.066	584.984	95	2.658	506.413	440.717	2.111	-17,32	2,14	28,83	40.533	877.630	440,13	0,71 0,50
21	756.378	937.480	23,94	630.840	559.720	619.202	245	2.903	533.066	515.234	2.461	-7,95	3,96	20,03	42.243	919.873	380,93	0,70 0,56
22	792.396	982.925	24,04	660.880	586.373	644.318	192	3.095	559.720	554.561	2.628	-5,43	4,41	19,63	45.616	965.489	374,02	0,70 0,57
23	828.414	1.022.885	23,48	690.920	613.026	690.005	128	3.223	586.373	576.770	2.734	-5,91	3,94	19,68	33.890	999.379	374,13	0,72 0,58
24	864.432	1.058.768	22,48	720.960	639.680	739.230	88	3.311	613.026	584.216	2.765	-8,67	2,53	20,97	46.037	1.034.063	374,684	0,71 0,56
25	900.450	1.104.083	22,61	751.000	666.333	756.985	78	3.389	639.680	595.443	2.813	-10,64	0,80	21,34	46.037	1.080.100	392,49	0,70 0,56
26	936.468	1.152.948	23,12	781.040	692.986	784.540	108	3.497	666.333	615.402	2.888	-11,19	0,45	21,55	48.209	1.128.309	399,22	0,70 0,55
27	972.486	1.203.862	23,79	811.080	719.640	833.096	75	3.572	692.986	628.014	2.938	-12,73	-0,98	21,80	50.727	1.179.036	409,76	0,68 0,55
28	1.008.504	1.242.891	23,24	841.120	746.293	833.032	116	3.688	719.640	650.402	3.022	-12,85	-0,96	21,92	39.323	1.218.359	411,28	0,68 0,53
29	1.044.522	1.276.198	22,18	871.160	772.946	844.444	57	3.745	746.293	651.895	3.034	-15,66	-2,95	22,89	31.883	1.250.242	420,63	0,69 0,53
30	1.080.540	1.303.761	21,33	901.200	799.600	886.969	170	3.915	772.946	682.066	3.153	-14,70	-1,58	23,10	27.529	1.277.771	411,50	0,69 0,53
31	1.116.558	1.339.969	20,01	931.240	826.253	919.076	137	4.052	799.600	693.640	3.236	-16,05	-2,17	23,87	35.610	1.313.381	414,08	0,69 0,52
32	1.152.576	1.371.019	18,41	961.280	852.906	929.489	84	4.136	826.253	708.220	3.305	-16,96	-3,31	23,81	23.667	1.337.048	374,00	0,70 0,53
33	1.188.594	1.399.506	17,74	991.320	879.560	979.112	109	4.245	852.906	726.571	3.393	-17,39	-3,85	23,52	28.780	1.365.828	412,47	0,69 0,53
34	1.224.630	1.438.936	17,50	1.021.360	906.213	1.006.876	115	4.360	879.560	748.835	3.495	-17,36	-4,14	23,77	35.763	1.401.591	411,71	0,69 0,53
35	1.260.630	1.464.132	16,14	1.051.400	932.866	1.032.339	127	4.487	906.213	773.586	3.602	-17,07	-4,23	23,17	26.900	1.428.491	406,48	0,70 0,54
36	1.296.648	1.496.827	15,41	1.081.440	959.520	1.032.339	112	4.599	932.866	793.434	3.763	-17,31	-4,54	23,14	33.982	1.462.473	405,05	0,69 0,54
37	1.332.666	1.527.981	14,66	1.111.480	986.173	1.054.116	91	4.690	959.520	810.589	3.867	-17,80	-5,16	23,10	30.714	1.493.187	405,32	0,70 0,55
38	1.368.684	1.594.960	13,79	1.141.520	1.012.826	1.081.551	122	4.812	986.173	833.668	3.904	-17,69	-5,24	22,93	29.226	1.522.413	402,725	0,71 0,55
39	1.404.702	1.594.960	13,54	1.171.560	1.039.479	1.081.551	94	4.906	1.012.826	842.302	4.073	-18,97	-5,75	23,72	36.237	1.558.650	408,55	0,70 0,54
40	1.440.720	1.631.796	13,26	1.201.600	1.066.133	1.146.693	205	5.111	1.039.479	877.064	4.142	-17,73	-4,57	23,71	29.711	1.588.361	400,64	0,71 0,55
41	1.476.738	1.663.326	12,64	1.231.640	1.092.786	1.146.183	99	5.211	1.066.133	891.222	4.158	-18,45	-5,15	23,71	29.080	1.617.441	401,58	0,71 0,55
42	1.512.756	1.704.095	12,65	1.261.680	1.119.439	1.190.982	205	5.310	1.092.786	908.189	4.219	-18,87	-5,60	23,51	37.144	1.654.585	400,59	0,72 0,55
43	1.548.792	1.733.357	11,92	1.291.720	1.146.093	1.220.997	128	5.438	1.119.439	933.903	4.327	-18,39	-5,48	23,25	29.040	1.683.625	399,38	0,73 0,56
44	1.584.792	1.770.457	11,72	1.321.760	1.172.746	1.247.041	117	5.555	1.146.093	957.077	4.433	-19,12	-6,17	23,52	36.717	1.720.342	404,37	0,72 0,55
45	1.620.630	1.816.837	12,09	1.351.800	1.199.399	1.268.335	94	5.649	1.172.746	970.072	4.493	-19,12	-6,29	21,52	43.822	1.764.164	404,37	0,72 0,56
46	1.656.828	1.854.877	11,95	1.381.840	1.226.053	1.294.895	119	5.768	1.199.399	994.584	4.603	-18,58	-6,29	23,19	38.039	1.802.203	404,27	0,72 0,55
47	1.692.846	1.905.219	11,95	1.411.880	1.252.706	1.319.306	108	5.876	1.226.053	1.013.811	4.689	-19,07	-6,56	23,16	47.273	1.849.476	406,32	0,71 0,55
48	1.728.864	1.952.671	12,84	1.441.920	1.279.359	1.347.835	144	6.020	1.252.706	1.038.996	4.818	-19,08	-6,52	22,91	64.358	1.894.799	408,76	0,70 0,55
49	1.764.882	2.015.949	15,01	1.471.960	1.306.013	1.373.026	126	6.146	1.279.359	1.061.302	4.931	-18,74	-6,72	22,70	64.722	1.959.157	407,76	0,69 0,54
50	1.800.900	2.075.949	15,27	1.502.000	1.332.666	1.406.164	166	6.312	1.306.013	1.092.543	5.091	-18,02	-6,38	22,30	83.013	2.042.170	407,77	0,68 0,53
51	1.836.918	2.135.548	16,26	1.532.040	1.359.319	1.437.359	139	6.451	1.332.666	1.115.956	5.191	-17,90	-6,18	22,36	58.115	2.100.285	411,39	0,68 0,53
52	1.872.936	2.346.757	25,30	1.562.080	1.385.973	1.437.359		6.451	1.359.319	1.115.956		-7,98		100,00	108.852	2.209.137		0,65 0,53

Bestandszahlen (Brutto) WEKA T-FV / PC Produktion

ART	Titel	Ist '98 Gesamt	Prog. VW‑1	Prog. VW 2	Prog. VW 4	Prog. VW 6	Prog. VW 7	Prog. VW 8	Prog. Ges.	Jan./IstAE VW 1	VW 2	VW 4	VW 6	VW 7	VW 8	Ges.
EK 03	LBW															
2882	QM-Method.	748	250 (40%)	70 (11%)	250 (40%)	0 (0%)	40 (6%)	12 (2%)	622 (4%)	32 (70%)	4 (9%)	8 (17%)	0 (0%)	1 (2%)	1 (2%)	46 (3%)
2890	Quali.	1.427	500 (44%)	120 (11%)	400 (35%)	0 (0%)	60 (5%)	50 (4%)	1.130 (7%)	41 (71%)	6 (10%)	7 (12%)	0 (0%)	2 (3%)	2 (3%)	58 (4%)
3883	Einkauf.	1.021	500 (49%)	90 (9%)	350 (34%)	0 (0%)	60 (6%)	22 (2%)	1.022 (6%)	52 (78%)	6 (9%)	3 (4%)	0 (0%)	6 (9%)	0 (0%)	67 (4%)
3884	Einkaufsrec.	658	350 (51%)	70 (10%)	200 (29%)	0 (0%)	50 (7%)	10 (1%)	680 (4%)	35 (83%)	3 (7%)	2 (5%)	0 (0%)	2 (5%)	0 (0%)	42 (3%)
4544	Kundend.	946	250 (43%)	60 (10%)	250 (43%)	0 (0%)	10 (2%)	7 (1%)	577 (4%)	14 (70%)	2 (10%)	1 (5%)	0 (0%)	3 (15%)	0 (0%)	20 (1%)
6822	Lagerplan.	1.549	600 (63%)	160 (17%)	400 (42%)	0 (0%)	50 (5%)	30 (3%)	1.240 (8%)	102 (33%)	8 (3%)	178 (58%)	1 (0%)	20 (6%)	0 (0%)	309 (21%) VW 22 1210
6498	Produkthafl.	222	500 (53%)	0 (0%)	350 (37%)	0 (0%)	70 (7%)	30 (3%)	950 (6%)	142 (85%)	2 (%)	24 (14%)	0 (0%)	0 (0%)	0 (0%)	168 (11%)
7070	Abwasser	110	30 (38%)	20 (25%)	20 (25%)	0 (0%)	0 (0%)	10 (13%)	80 (0%)	0 (#DIV/0!)	0 (####)	0 (####)	0 (0%)	0 (####)	0 (#DIV/0!)	0 (0%)
7116	Laborleiter	279	110 (42%)	50 (19%)	60 (23%)	0 (0%)	40 (15%)	5 (2%)	265 (2%)	17 (63%)	7 (26%)	3 (11%)	0 (0%)	0 (0%)	0 (0%)	27 (2%)
7484	Mawi/Logist.	1.045	400 (45%)	100 (11%)	300 (34%)	0 (0%)	60 (7%)	20 (2%)	880 (5%)	50 (75%)	7 (10%)	5 (7%)	1 (1%)	4 (6%)	0 (0%)	67 (4%)
8049	BTE Folien	661	400 (45%)	80 (9%)	300 (34%)	0 (0%)	40 (5%)	10 (1%)	830 (5%)	33 (63%)	10 (19%)	8 (15%)	0 (0%)	0 (0%)	2 (2%)	52 (3%)
8058	DIN EN	694	300 (56%)	80 (15%)	100 (19%)	0 (0%)	30 (6%)	30 (6%)	540 (3%)	63 (81%)	5 (6%)	7 (9%)	0 (0%)	2 (3%)	1 (1%)	78 (5%)
8130	Futrpark	238	150 (49%)	60 (20%)	50 (16%)	0 (0%)	30 (10%)	15 (5%)	305 (2%)	7 (58%)	4 (33%)	0 (0%)	1 (8%)	0 (0%)	0 (0%)	12 (1%)
8488	Internet/Einkauf	232	150 (38%)	120 (30%)	80 (20%)	0 (0%)	30 (8%)	20 (5%)	400 (2%)	49 (16%)	255 (83%)	3 (1%)	0 (0%)	2 (1%)	0 (0%)	309 (21%) VW 22 1210
8998	TQM	584	200 (51%)	70 (18%)	80 (20%)	0 (0%)	30 (8%)	15 (4%)	395 (2%)	57 (81%)	1 (1%)	10 (14%)	0 (0%)	1 (1%)	1 (1%)	70 (5%)
9198	Global S.	834	500 (54%)	80 (9%)	250 (27%)	0 (0%)	60 (7%)	30 (3%)	920 (6%)	15 (100%)	3 (20%)	-5 (-33%)	0 (0%)	2 (13%)	0 (0%)	15 (1%)
9700	Kündigung	25	20 (2%)	0 (0%)	10 (1%)	0 (0%)	0 (0%)	0 (0%)	30 (0%)	1 (100%)	0 (0%)	0 (0%)	0 (0%)	0 (0%)	0 (0%)	1 (0%)
8259	BTL	1.163	500 (49%)	120 (12%)	350 (34%)	0 (0%)	50 (5%)	10 (1%)	1.030 (6%)	47 (64%)	13 (18%)	12 (16%)	0 (0%)	1 (1%)	1 (1%)	74 (5%)
9777	Instandh.	501	250 (53%)	120 (25%)	70 (15%)	0 (0%)	10 (2%)	25 (5%)	475 (3%)	26 (74%)	7 (20%)	2 (6%)	0 (0%)	0 (0%)	0 (0%)	35 (2%)
6063	X-Titel	120	1500 (49%)	200 (6%)	1200 (39%)	0 (0%)	150 (5%)	30 (1%)	3.080 (19%)	0 (#DIV/0!)	0 (####)	0 (####)	0 (0%)	0 (####)	0 (#DIV/0!)	0 (0%)
EK 03	GESAMT	13.057	7460 (48%)	1670 (11%)	5070 (33%)	0 (0%)	870 (6%)	381 (2%)	15.451 (96%)	783 (54%)	343 (24%)	268 (18%)	0 (0%)	46 (3%)	0 (0%)	1.450 (97%)
21666/7	Auditman.	370	120 (78%)	4 (3%)	30 (19%)	0 (0%)	0 (0%)	0 (0%)	154 (1%)	10 (91%)	0 (0%)	0 (0%)	0 (0%)	1 (9%)	0 (0%)	11 (1%)
287/8/9	CAQ	243	120 (79%)	2 (1%)	30 (20%)	0 (0%)	0 (0%)	0 (0%)	152 (1%)	5 (100%)	0 (0%)	0 (0%)	0 (0%)	0 (0%)	0 (0%)	5 (0%)
44112	Reklam.	453	120 (77%)	5 (3%)	30 (19%)	0 (0%)	0 (0%)	0 (0%)	155 (1%)	15 (83%)	0 (0%)	1 (6%)	0 (0%)	1 (6%)	0 (0%)	18 (1%)
55178	Prüfmittelm.	296	120 (77%)	5 (3%)	30 (19%)	0 (0%)	0 (0%)	0 (0%)	155 (1%)	6 (55%)	0 (0%)	2 (18%)	0 (0%)	1 (9%)	2 (18%)	11 (1%)
EK 21	Gesamt	1.362	480 (78%)	16 (3%)	120 (19%)	0 (0%)	0 (0%)	0 (0%)	616 (4%)	36 (80%)	0 (0%)	3 (7%)	0 (0%)	3 (7%)	3 (7%)	45 (3%)
PC6/P	Gesamt	14.419	7940 (49%)	1.686 (10%)	5.190 (32%)	0 (0%)	870 (5%)	381 (2%)	16.067	819 (55%)	343 (23%)	271 (18%)	0 (0%)	49 (3%)	10 (1%)	1.495 (3%)

UKE 99 (EK 03 Gesamt 16251Stck; Gesamt 16867Stck;) zusätzlich geplant 800Stck. VW 22

Verkaufte Stückzahlen (Netto) WEKA T-FV / PC Produktion

ART	Titel LBW	Ist '98 Gesamt	Prognose 1999														Januar '99												Ist AE 1999 aufgelaufen	
			VW 1	%	VW 2	%	VW 4	%	VW 6	%	VW 7	%	VW 8	%	Ges.	%	VW 1	%	VW 2	%	VW 4	%	VW 6	%	VW 7	%	VW 8	%	Ges.	%
EK 03																															
2882	QM-Method.	323	213	50%	61	14%	113	26%	0	0%	34	8%	7	2%	428	4%	28	78%	4	11%	2	6%	0	0%	0	0%	2	6%	36	3%
2890	Quali	849	375	51%	98	13%	180	13%	0	0%	55	7%	30	4%	738	7%	34	76%	4	9%	3	7%	0	0%	2	4%	2	4%	45	4%
3883	Einkauf	651	415	60%	75	11%	133	19%	0	0%	54	8%	15	2%	692	6%	50	85%	2	3%	1	2%	0	0%	6	10%	0	0%	59	5%
3884	Einkaufsrec.	422	312	62%	60	12%	80	16%	0	0%	46	9%	6	1%	504	5%	33	87%	3	8%	1	3%	0	0%	1	3%	0	0%	38	3%
4544	Kundend.	408	208	58%	49	14%	88	25%	0	0%	9	3%	4	1%	358	3%	13	72%	2	11%	0	0%	0	0%	3	17%	0	0%	18	1%
6822	Lagerplan.	972	522	81%	136	21%	160	25%	0	0%	44	7%	23	4%	885	8%	83	31%	8	3%	164	60%	1	0%	16	6%	0	0%	272	22%
6498	Produkthaft.	209	425	66%	0	0%	140	22%	0	0%	63	10%	18	3%	646	6%	131	85%	2	1%	23	15%	0	0%	0	0%	-1	-1%	165	12%
7070	Abwasser	86	27	40%	17	25%	15	22%	0	0%	0	0%	9	13%	68	1%	0	#DIV/0!	0	####	0	####	0	#DIV/0!	0	#DIV/0!	0	####	0	0%
7116	Laborleiter	170	97	46%	44	21%	30	14%	0	0%	36	17%	3	1%	210	2%	12	60%	5	25%	3	15%	0	0%	0	0%	0	0%	20	2%
7484	MaW/Logist.	626	344	56%	84	14%	120	19%	0	0%	53	9%	15	2%	616	6%	38	75%	6	12%	3	6%	0	0%	4	8%	0	0%	51	4%
8049	BTL Folien	424	348	56%	66	11%	120	19%	0	0%	38	6%	8	1%	580	5%	32	63%	10	20%	8	16%	0	0%	0	0%	1	2%	51	4%
8058	DIN EN	561	231	61%	64	17%	40	11%	0	0%	26	7%	18	5%	379	3%	61	105%	5	9%	-10	-17%	-1	-2%	2	3%	1	2%	58	5%
8130	Fuhrpark	149	134	53%	53	21%	30	12%	0	0%	26	10%	10	4%	253	2%	7	64%	3	27%	0	0%	1	9%	0	0%	0	0%	11	1%
8488	Intern.f. Einkauf	197 VW22 1417	128	40%	106	33%	44	14%	0	0%	26	8%	14	4%	318	3%	42	14%	252	85%	2	1%	0	0%	2	1%	0	0%	298 VW22:1195	24%
8998	TQM	473	166	56%	59	20%	40	13%	0	0%	26	9%	8	3%	299	3%	54	96%	1	2%	1	2%	0	0%	1	2%	1	2%	56	4%
9198	Global S.	500	440	64%	70	10%	100	15%	0	0%	53	8%	20	3%	683	6%	13	-108%	0	0%	-27	225%	0	0%	2	-17%	0	0%	-12	-1%
9700	Kündigung	22	16	2%	0	0%	5	1%	0	0%	0	0%	0	0%	21	0%	1	100%	0	0%	0	0%	0	0%	0	0%	0	0%	1	0%
8259	BTL	750	425	59%	102	14%	140	20%	0	0%	43	6%	7	1%	717	6%	42	65%	11	17%	12	18%	0	0%	1	2%	-1	-2%	65	5%
9777	Instandh.	372	215	56%	107	28%	46	12%	0	0%	9	2%	10	3%	387	3%	23	82%	5	18%	1	4%	0	0%	-1	-4%	0	0%	28	2%
6003	X-Titel	132	1320	60%	176	8%	540	25%	0	0%	137	6%	20	1%	2.193	20%	0	####	323	####	0	####	0	#DIV/0!	0	#DIV/0!	0	####	0	0%
EK 03	GESAMT	8.296	6361	58%	1427	13%	2164	20%	0	0%	778	7%	245	2%	10.975	98%	697	56%	323	26%	185	15%	1	0%	39	3%	5	0%	1.250	99%
2167	Auditman.	29	42	82%	1	2%	8	2%	0	0%	0	0%	0	0%	51	0%	6	300%	0	0%	-3	-150%	0	0%	1	50%	-2	-100%	2	0%
2878	CAQ	17	42	84%	0	0%	8	16%	0	0%	0	0%	0	0%	50	0%	2	-50%	0	0%	0	0%	0	0%	-1	25%	-5	925%	-4	0%
4441	Reklam.	46	42	82%	1	2%	8	16%	0	0%	0	0%	0	0%	51	0%	7	175%	0	0%	-1	-25%	0	0%	0	0%	-2	-50%	4	0%
5518	Prüfmittelm.	42	42	76%	5	9%	8	15%	0	0%	0	0%	0	0%	55	0%	5	83%	0	0%	0	33%	0	0%	0	0%	-1	-17%	6	0%
EK 21	Gesamt	134	168	81%	7	3%	32	15%	0	0%	0	0%	0	0%	207	2%	20	250%	0	0%	-2	-25%	0	0%	0	0%	-10	-125%	8	1%
PC6/P.	Gesamt	8.430	6.529	58%	1.434	13%	2.196	13%	0	0%	778	7%	245	2%	11.182		717	57%	323	26%	183	15%	1	0%	39	3%	-5		1.258	1%

*UKE 99: (EK 03: 11.323; Gesamt 11528) da zusätzlich geplant 800 Stck VW 22

Anhang B

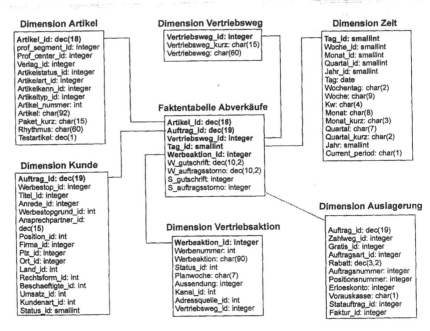

Stern Schema „Abverkäufe"

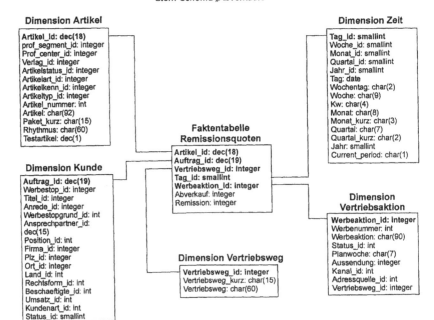

Stern Schema „Remissionsquoten"

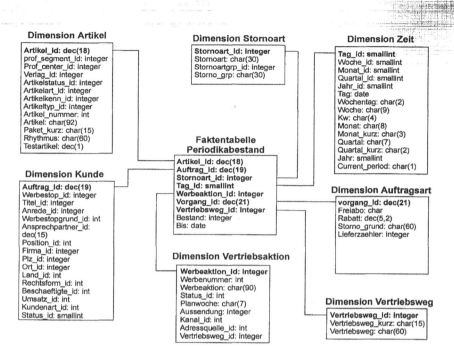

Stern Schema „Periodikabestand"

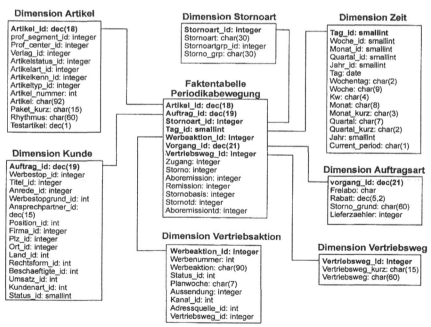

Stern Schema „Periodikabewegung"

Anhang C

...chenzentrum, Augsburg / 0821 5607 418

/ WSB620PO / V1.2

Auftragseingangsstatistik Monatlich

Verlag: 11 WEKA Verlag für technische Führungskräfte GmbH

Monatlich für: 4.1999   Artikelart : 3 ANW Grundwerke

Profitcenter: 5 Umwelt

PC-Segment: 51 Umwelt

Vertriebsweg	Monatlich Gesamt Anz.	Betrag	Remissionen Anz.	Betrag	Auftragsstorno Anz.	Betrag	Real Anz.	Betrag	Jährlich Gesamt Anz.	Betrag	Remissionen Anz.	Betrag	Auftragsstorno Anz.	Betrag	Real Anz.	Betrag

Artikelnummer: 1111 Gefahrgut Selekt — Information nach Maß / Testartikel

Vertriebsweg	M-Ges. A	B	Rem. A	B	Storno A	B	Real A	B	J-Ges. A	B	Rem. A	B	Storno A	B	Real A	B
29 Handels-Dispo									3						3	
Gesamt:	0	0	0	0	0	0	0	0	3		0	0	0	0	3	0

Artikelnummer: 1112 Gefahrgut Selekt — Information nach Maß / Testartikel

Vertriebsweg	M-Ges. A	B	Rem. A	B	Storno A	B	Real A	B	J-Ges. A	B	Rem. A	B	Storno A	B	Real A	B
1 DM																
3 TM OUTBOUND					1	45	-1	-45	1	73	1	45	1	45		28
7 AE									1	73					1	73
10 PR									3	219					3	219
Gesamt:	0	0	0	0	1	45	-1	-45	5	365	1	45	1	45	4	320

Artikelnummer: 1972 Boden schützen, Altlasten sanieren

Vertriebsweg	M-Ges. A	B	Rem. A	B	Storno A	B	Real A	B	J-Ges. A	B	Rem. A	B	Storno A	B	Real A	B
10 PR	1						1		1						1	
Gesamt:	1	0	0	0	0	0	1	0	1	0	0	0	0	0	1	0

Artikelnummer: 3366 PRAXISHANDBUCH BETRIEBLICHES UMWELTMANAGEMENT 2 BD

Vertriebsweg	M-Ges. A	B	Rem. A	B	Storno A	B	Real A	B	J-Ges. A	B	Rem. A	B	Storno A	B	Real A	B
1 DM	16	4112			5	1393	11	2730	96	25839	26	7014	3	780	67	18045
3 TM OUTBOUND							2	557	11	2953	4	1114			7	1839
7 AE	2	557					1	223	1	502	2	502				502
8 ME	1	223							8	2031					6	1529
10 PR	7	1863					7	1863	18	279					18	279
15 SO									4	279					4	279
29 Handels-Dispo									23						23	
39 KAM									2						2	
Gesamt:	26	6766	0	0	5	1393	21	5373	164	31882	32	8630	3	780	129	22472

Artikelnummer: 3663 Bundling Betriebliches Umwelt-management + Umweltfolien

Vertriebsweg	M-Ges. A	B	Rem. A	B	Storno A	B	Real A	B	J-Ges. A	B	Rem. A	B	Storno A	B	Real A	B
1 DM	1	429					1	429	9	3829	4	1718	1	429	4	1682
3 TM OUTBOUND									2	859					2	859
7 AE	1	429					1	429	1	429	1	429			1	429
8 ME									2	859					1	429
Gesamt:	2	859	0	0	0	0	2	859	14	5976	5	2147	1	429	8	3399

Artikelnummer: 4352 LBWplus "Die neue TA Luft" — bestehend aus: / Artikelpaket

Vertriebsweg	M-Ges. A	B	Rem. A	B	Storno A	B	Real A	B	J-Ges. A	B	Rem. A	B	Storno A	B	Real A	B
1 DM	15	4178					14	3899	55	14761	7	1950			48	12811
3 TM OUTBOUND									4	557	1	279			3	279
7 AE	1	279					1	279	1	1114	1	279			1	836
8 ME	1	279					1	279	1	279					5	279
15 SO	2						2	139	5	348					25	348
29 Handels-Dispo	6						6		25							
Gesamt:	25	4874	1	279	0	0	24	4595	92	17059	9	2507	0	0	83	14552

Artikelnummer: 4412 LBWplus "Neue Datenblätter zum Gefahrguttransport" — bestehend aus: / Artikelpaket

Vertriebsweg	M-Ges. A	B	Rem. A	B	Storno A	B	Real A	B	J-Ges. A	B	Rem. A	B	Storno A	B	Real A	B
1 DM	12	3342	3	836			9	2507	66	18241	10	3023			56	15218
3 TM OUTBOUND	4	1114	1	279			3	836	15	4178	12	3342			3	836
7 AE	2	557					2	557	10	2785	1	275			9	2510
8 ME	2		1	279			1	279	2	557	1	279			1	279
10 PR									1		1				1	279
15 SO									1						1	
29 Handels-Dispo	10						10		17						17	

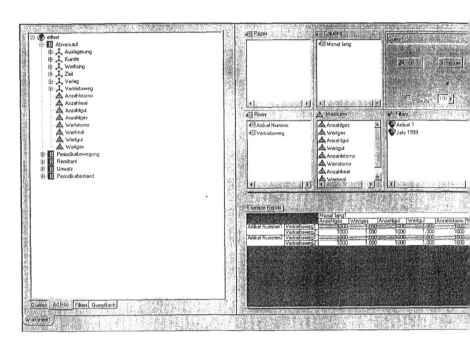

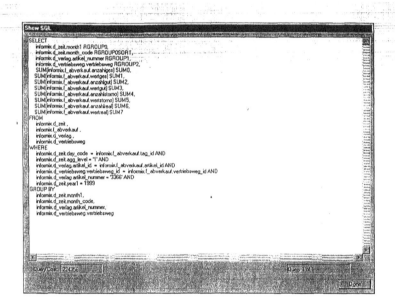

Show SQL

```
SELECT
    informix.d_zeit.month1 RGROUP0,
    informix.d_zeit.month_code RGROUPOSORT,
    informix.d_verlag.artikel_nummer RGROUP1,
    informix.d_vertriebsweg.vertriebsweg RGROUP2,
    SUM(informix.f_abverkauf.anzahlges) SUM0,
    SUM(informix.f_abverkauf.wertges) SUM1,
    SUM(informix.f_abverkauf.anzahlgut) SUM2,
    SUM(informix.f_abverkauf.wertgut) SUM3,
    SUM(informix.f_abverkauf.anzahlstorno) SUM4,
    SUM(informix.f_abverkauf.wertstorno) SUM5,
    SUM(informix.f_abverkauf.anzahlreal) SUM6,
    SUM(informix.f_abverkauf.wertreal) SUM7
FROM
    informix.d_zeit ,
    informix.f_abverkauf ,
    informix.d_verlag ,
    informix.d_vertriebsweg
WHERE
    informix.d_zeit.day_code = informix.f_abverkauf.tag_id AND
    informix.d_zeit.agg_level = '1' AND
    informix.d_verlag.artikel_id = informix.f_abverkauf.artikel_id AND
    informix.d_vertriebsweg.vertriebsweg_id = informix.f_abverkauf.vertriebsweg_id AND
    informix.d_verlag.artikel_nummer = '3366' AND
    informix.d_zeit.year1 = 1999
GROUP BY
    informix.d_zeit.month1,
    informix.d_zeit.month_code,
    informix.d_verlag.artikel_nummer,
    informix.d_vertriebsweg.vertriebsweg
```

Query Dist: 22436   Query 1 of 1

Done

3368	AE	Jan/1999	Anzahlges	Wertges	Anzahlout	Wertout
	DM		23	6081,21	7	1839,22
	Handels-Dispo		6	0,00	0	0,00
	KAM		1	0,00	0	,00
	ME		1	223,36	2	501,86
	PR		6	0,00	0	0,00
	SO		4	278,50	0	0,00
	TM OUTBOUND		2	446,72	1	278,50
Grand Total			43	7029,79	10	2619,58

Anzahlstorno	Wertstorno	Anzahlreal	Wertreal	Feb/1999 Anzahlges	Wertges	Anzahlout	Wertout	Anzahlstorno
				1	278,50	0	0,00	0
0	0,00	0	0,00	26	7112,03	5	1330,82	0
0	0,00	0	0,00	9	0,00	0	0,00	0
0	0,00	0	0,00	1	0,00	0	0,00	0
0	0,00	0	0,00					
0	0,00	0	0,00	1	278,50	0	0,00	0
0	0,00	0	0,00					
0	0,00	0	0,00	3	835,50	1	278,50	0
0	0,00	0	0,00	41	8504,53	6	1609,32	0

Wertstorno	Anzahlreal	Wertreal	Mrz/1999 Anzahlges	Wertges	Anzahlout	Wertout	Anzahlstorno	Wertstorno
0,00	0	0,00						
0,00	0	0,00	26	7185,86	9	2451,36	0	0,00
0,00	0	0,00	8	0,00	0	0,00	0	0,00
0,00	0	0,00						
			0	-55,14	0	0,00	0	0,00
0,00	0	0,00	11	0,00	0	0,00	0	0,00
0,00	0	0,00	4	1114,00	2	557,00	0	0,00
0,00	0	0,00	49	8244,72	11	3008,36	0	0,00

Anzahlreal	Wertreal	Apr/1999 Anzahlges	Wertges	Anzahlout	Wertout	Anzahlstorno	Wertstorno	Anzahlreal
		1	223,36	0	0,00	0	0,00	0
0	0,00	18	4679,36	5	1392,50	0	0,00	0
0	0,00							
0	0,00	6	1863,06	0	0,00	0	0,00	0
0	0,00							
0	0,00	1	278,50	0	0,00	0	0,00	0
0	0,00	26	7044,28	5	1392,50	0	0,00	0

Wertreal	Grand Total Anzahlges	Wertges	Anzahlout	Wertout	Anzahlstorno	Wertstorno	Anzahlreal	Wertreal
0,00	2	501,86	0	0,00	0	0,00	0	0,00
0,00	93	25058,46	26	7013,90	0	0,00	0	0,00
	23	0,00	0	0,00	0	0,00	0	0,00
	2	0,00	0	0,00	0	0,00	0	0,00
0,00	7	2031,28	2	501,86	0	0,00	0	0,00
	18	278,50	0	0,00	0	0,00	0	0,00
	4	278,50	0	0,00	0	0,00	0	0,00
0,00	10	2674,72	4	1114,00	0	0,00	0	0,00
0,00	159	30823,32	32	8629,76	0	0,00	0	0,00

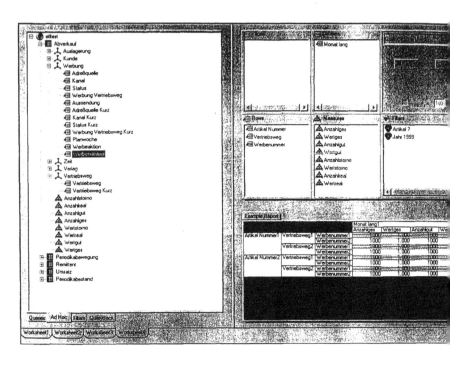

```
Show SQL

SELECT
    informix.d_zeit.month1 RGROUP0,
    informix.d_zeit.month_code RGROUPDSORT,
    informix.d_verlag.artikel_nummer RGROUP1,
    informix.d_vertriebsweg.vertriebsweg RGROUP2,
    informix.d_werbung.werbenummer RGROUP3,
    SUM(informix.l_abverkauf.anzahlges) SUM0,
    SUM(informix.l_abverkauf.wertges) SUM1,
    SUM(informix.l_abverkauf.anzahlgut) SUM2,
    SUM(informix.l_abverkauf.wertgut) SUM3,
    SUM(informix.l_abverkauf.anzahlstorno) SUM4,
    SUM(informix.l_abverkauf.wertstorno) SUM5,
    SUM(informix.l_abverkauf.anzahlreal) SUM6,
    SUM(informix.l_abverkauf.wertreal) SUM7
FROM
    informix.d_zeit ,
    informix.l_abverkauf ,
    informix.d_verlag ,
    informix.d_vertriebsweg ,
    informix.d_werbung
WHERE
    informix.d_zeit.day_code = informix.l_abverkauf.tag_id AND
    informix.d_zeit.agg_level = '1' AND
    informix.d_verlag.artikel_id = informix.l_abverkauf.artikel_id AND
    informix.d_vertriebsweg.vertriebsweg_id = informix.l_abverkauf.vertriebsweg_id AND
    informix.d_werbung.werbeaktion_id = informix.l_abverkauf.werbeaktion_id AND
    informix.d_verlag.artikel_nummer = '3366' AND
    informix.d_zeit.year1 = 1999
GROUP BY
    informix.d_zeit.month1,
    informix.d_zeit.month_code,
    informix.d_verlag.artikel_nummer,
    informix.d_vertriebsweg.vertriebsweg,
    informix.d_werbung.werbenummer
```

Query Cost 224356

Query 1 of 1

Done

Worksheet4 - 1.1

Vertriebsweg	Artikel-Nummer	Werbenummer	Monat lang Jan/1999		
			Anzahl ges	Wert ges	Anzahl out
AE	3366	387207			
		387231			
DM	3366	373650			
		373686			
		381460	0	0,00	1
		381597	1	278,50	0
		381685			
		381811	3	835,50	0
		381828	1	278,50	0
		381829	2	557,00	1
		381830			
		381831			
		381837	0	0,00	1
		381850	1	278,50	0
		381854			
		381855			
		381857	0	0,00	1
		381858			
		381859	4	1114,00	0
		381862			
		381864	1	278,50	0
		381888	1	278,50	0
		381886			
		381898			
		381906			
		381937			
		381948			
		381972			
		381976			
		381987			
		381988			
		382019			
		387085	2	501,86	1
		387100			
		387150	6	1456,99	0
		387213	1	223,36	1
		653102			
		999001	0	0,00	1
Handels-Dispo	3366	999029	6	0,00	0
KAM	3366	381470	1	0,00	0
		381500			
ME	3366	142111			
		142208	1	223,36	2
		142212			
		142215			
PR	3366	145077	6	0,00	0
		145331			
		999010			
SD	3366	999015	4	278,50	0
TM OUTBOUND	3366	113100			
		113453	0	0,00	1
		113471	1	223,36	0
		113504			
		113505	1	223,36	0
		113507			
		113558			
		113559			
Grand Total			43	7029,79	10

					Feb/1999			
Wertgut	Anzahlstorno	Wertstorno	Anzahlreal	Wertreal	Anzahlges	Wertges	Anzahlnut	Wertnut
					1	278,50	0	0,00
					1	278,50	0	0,00
278,50	0	0,00	0	0,00	1	278,50	0	0,00
0,00	0	0,00	0	0,00				
0,00	0	0,00	0	0,00	2	557,00	0	0,00
0,00	0	0,00	0	0,00				
278,50	0	0,00	0	0,00				
					0	0,00	1	278,50
					2	557,00	1	223,36
278,50	0	0,00	0	0,00				
0,00	0	0,00	0	0,00				
					2	557,00	0	0,00
278,50	0	0,00	0	0,00	1	278,50	0	0,00
					1	278,50	0	0,00
0,00	0	0,00	0	0,00	1	278,50	1	327,10
0,00	0	0,00	0	0,00				
0,00	0	0,00	0	0,00	0	0,00	1	278,50
					3	835,50	0	0,00
					1	278,50	0	0,00
223,36	0	0,00	0	0,00	1	278,50	0	0,00
0,00	0	0,00	0	0,00	10	2656,03	1	223,36
223,36	0	0,00	0	0,00				
278,50	0	0,00	0	0,00				
0,00	0	0,00	0	0,00	9	0,00	0	0,00
0,00	0	0,00	0	0,00				
					1	0,00	0	0,00
501,86	0	0,00	0	0,00				
0,00	0	0,00	0	0,00				
					1	278,50	0	0,00
0,00	0	0,00	0	0,00				
					0	0,00	1	278,50
278,50	0	0,00	0	0,00				
0,00	0	0,00	0	0,00	2	557,00	0	0,00
0,00	0	0,00	0	0,00				
					1	278,50	0	0,00
2619,58	0	0,00	0	0,00	41	8504,53	6	1609,32

Worksheet4 - 1.3

				Mrz/1999				
Anzahlstorno	Wertstorno	Anzahlreal	Wertreal	Anzahlges	Wertges	Anzahlout	Wertout	Anzahlstorno
0	0,00	0	0,00					
0	0,00	0	0,00	4	1114,00	0	0,00	0
				1	278,50	0	0,00	0
0	0,00	0	0,00	0	0,00	1	278,50	0
				1	278,50	0	0,00	0
0	0,00	0	0,00	0	0,00	0	0,00	0
				0	0,00	1	278,50	0
0	0,00	0	0,00	2	557,00	0	0,00	0
0	0,00	0	0,00	0	0,00	1	278,50	0
0	0,00	0	0,00	1	278,50	0	0,00	0
				1	278,50	0	0,00	0
0	0,00	0	0,00	0	0,00	1	278,50	0
0	0,00	0	0,00					
0	0,00	0	0,00	1	278,50	1	278,50	0
				0	0,00	1	278,50	0
0	0,00	0	0,00					
				1	278,50	0	0,00	0
				1	278,50	0	0,00	0
				1	278,50	0	0,00	0
0	0,00	0	0,00	2	557,00	0	0,00	0
0	0,00	0	0,00	4	1114,00	0	0,00	0
				1	278,50	0	0,00	0
				1	278,50	0	0,00	0
				1	278,50	0	0,00	0
0	0,00	0	0,00	0	0,00	1	278,50	0
				1	278,50	0	0,00	0
0	0,00	0	0,00	1	223,36	2	501,86	0
				1	278,50	0	0,00	0
0	0,00	0	0,00	8	0,00	0	0,00	0
0	0,00	0	0,00					
				1	223,36	0	0,00	0
				-1	-278,50	0	0,00	0
				10	0,00	0	0,00	0
0	0,00	0	0,00	1	0,00	0	0,00	0
0	0,00	0	0,00					
0	0,00	0	0,00	1	278,50	0	0,00	0
				1	278,50	0	0,00	0
				1	278,50	1	278,50	0
0	0,00	0	0,00	1	278,50	1	278,50	0
0	0,00	0	0,00	49	8244,72	11	3008,36	0

106

Worksheet4 - 1.4

			Apr/1999					
Wertstorno	Anzahlreal	Wertreal	Anzahlges	Wertges	Anzahlout	Wertout	Anzahlstorno	Wertstorno
			1	223,36	0	0,00	0	0,00
0,00	0	0,00	9	2451,36	1	278,50	0	0,00
0,00	0	0,00	0	0,00	1	278,50	0	0,00
0,00	0	0,00						
0,00	0	0,00	1	0,00	0	0,00	0	0,00
0,00	0	0,00						
0,00	0	0,00						
0,00	0	0,00						
0,00	0	0,00	1	278,50	1	278,50	0	0,00
0,00	0	0,00						
0,00	0	0,00						
0,00	0	0,00						
0,00	0	0,00	1	278,50	0	0,00	0	0,00
0,00	0	0,00						
0,00	0	0,00						
0,00	0	0,00						
0,00	0	0,00						
0,00	0	0,00	0	0,00	1	278,50	0	0,00
0,00	0	0,00	1	278,50	1	278,50	0	0,00
0,00	0	0,00						
0,00	0	0,00						
			1	278,50	0	0,00	0	0,00
0,00	0	0,00						
			1	278,50	0	0,00	0	0,00
0,00	0	0,00	1	278,50	0	0,00	0	0,00
0,00	0	0,00						
0,00	0	0,00	1	278,50	0	0,00	0	0,00
0,00	0	0,00						
			1	278,50	0	0,00	0	0,00
0,00	0	0,00						
0,00	0	0,00						
0,00	0	0,00						
			1	557,00	0	0,00	0	0,00
			5	1308,08	0	0,00	0	0,00
0,00	0	0,00						
0,00	0	0,00						
0,00	0	0,00	0	0,00	0	0,00	0	0,00
			1	278,50	0	0,00	0	0,00
0,00	0	0,00						
0,00	0	0,00						
0,00	0	0,00						
0,00	0	0,00	26	7044,28	5	1392,50	0	0,00

Worksheet4 - 1.5

Anzahlreal	Wertreal	Grand Total Anzahlnes	Wertges	Anzahlgut	Wertgut	Anzahlstorno	Wertstorno	Anzahlreal
		1	278,50	0	0,00	0	0,00	0
0	0,00	1	223,38	0	0,00	0	0,00	0
0	0,00	14	3843,86	1	278,50	0	0,00	0
0	0,00	1	278,50	1	278,50	0	0,00	0
		1	278,50	2	557,00	0	0,00	0
		1	278,50	0	0,00	0	0,00	0
0	0,00	2	278,50	0	0,00	0	0,00	0
		5	1392,50	0	0,00	0	0,00	0
		1	278,50	1	278,50	0	0,00	0
		2	557,00	1	278,50	0	0,00	0
		2	557,00	1	278,50	0	0,00	0
0	0,00	3	835,50	3	780,36	0	0,00	0
		0	0,00	1	278,50	0	0,00	0
		1	278,50	0	0,00	0	0,00	0
		3	835,50	0	0,00	0	0,00	0
		1	278,50	0	0,00	0	0,00	0
		1	278,50	2	557,00	0	0,00	0
		1	278,50	0	0,00	0	0,00	0
0	0,00	7	1949,50	2	605,60	0	0,00	0
		0	0,00	1	278,50	0	0,00	0
		1	278,50	0	0,00	0	0,00	0
		1	278,50	1	278,50	0	0,00	0
		1	278,50	0	0,00	0	0,00	0
		1	278,50	0	0,00	0	0,00	0
		1	278,50	0	0,00	0	0,00	0
0	0,00	5	1392,50	1	278,50	0	0,00	0
0	0,00	6	1671,00	1	278,50	0	0,00	0
		1	278,50	0	0,00	0	0,00	0
		1	278,50	0	0,00	0	0,00	0
0	0,00	1	278,50	0	0,00	0	0,00	0
		1	278,50	0	0,00	0	0,00	0
0	0,00	1	278,50	0	0,00	0	0,00	0
0	0,00	4	1058,86	2	501,86	0	0,00	0
		1	278,50	0	0,00	0	0,00	0
0	0,00	18	4614,88	3	725,22	0	0,00	0
		2	501,86	1	223,38	0	0,00	0
0	0,00	1	278,50	0	0,00	0	0,00	0
		0	0,00	1	278,50	0	0,00	0
		23	0,00	0	0,00	0	0,00	0
		1	0,00	0	0,00	0	0,00	0
		1	0,00	0	0,00	0	0,00	0
		1	223,38	0	0,00	0	0,00	0
		0	-55,14	2	501,86	0	0,00	0
0	0,00	1	557,00	0	0,00	0	0,00	0
0	0,00	5	1306,06	0	0,00	0	0,00	0
		16	0,00	0	0,00	0	0,00	0
		1	278,50	0	0,00	0	0,00	0
		1	0,00	0	0,00	0	0,00	0
		4	278,50	0	0,00	0	0,00	0
		0	0,00	1	278,50	0	0,00	0
		0	0,00	1	278,50	0	0,00	0
0	0,00	4	1058,86	0	0,00	0	0,00	0
0	0,00	1	278,50	0	0,00	0	0,00	0
		1	223,38	0	0,00	0	0,00	0
		1	278,50	0	0,00	0	0,00	0
		1	278,50	1	278,50	0	0,00	0
		2	557,00	1	278,50	0	0,00	0
0	0,00	159	30823,32	32	8629,76	0	0,00	0

Diplomarbeiten Agentur

Die Diplomarbeiten Agentur vermarktet seit 1996 erfolgreich Wirtschaftsstudien, Diplomarbeiten, Magisterarbeiten, Dissertationen und andere Studienabschlußarbeiten aller Fachbereiche und Hochschulen.

Seriosität, Professionalität und Exklusivität prägen unsere Leistungen:

- Kostenlose Aufnahme der Arbeiten in unser Lieferprogramm
- Faire Beteiligung an den Verkaufserlösen
- Autorinnen und Autoren können den Verkaufspreis selber festlegen
- Effizientes Marketing über viele Distributionskanäle
- Präsenz im Internet unter **http://www.diplom.de**
- Umfangreiches Angebot von mehreren tausend Arbeiten
- Großer Bekanntheitsgrad durch Fernsehen, Hörfunk und Printmedien

Setzen Sie sich mit uns in Verbindung:

Diplomarbeiten Agentur
Dipl. Kfm. Dipl. Hdl. Björn Bedey —
Dipl. Wi.-Ing. Martin Haschke ——
und Guido Meyer GbR ————

Hermannstal 119 k ————
22119 Hamburg ————

Fon: 040 / 655 99 20 ————
Fax: 040 / 655 99 222 ————

agentur@diplom.de ————
www.diplom.de ————